関西学院大学論文叢書 第18編

産学連携イノベーション

日本特許データによる実証分析

Industry-University Cooperative Innovation

玉田俊平太

Schumpeter TAMADA

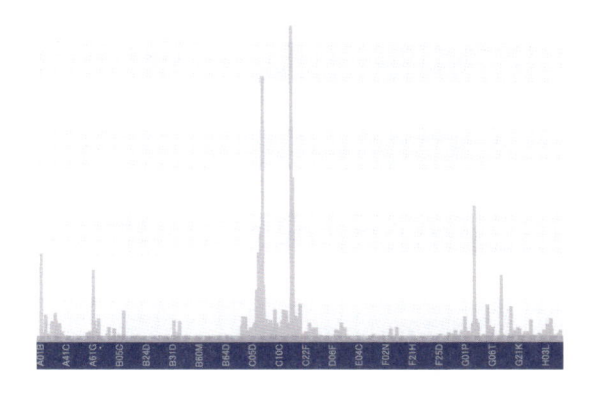

関西学院大学出版会

産学連携イノベーション
日本特許データによる実証分析

はじめに

　近年、大学発のイノベーションが注目されている。たとえば、バイオ分野ではスタンフォード大学のコーエンとカリフォルニア大学のボイヤーによる遺伝子操作の研究がバイオテクノロジーの端緒となり、医薬産業、化学産業、食品産業などに幅広いインパクトを与えた。日本でも、1998年に大学等技術移転促進法が制定されるなどして、産学連携を推進しようと官民挙げての取り組みが行われているところである。

　しかし、一口に産学連携と言っても、大学には様々な研究分野があり、また、企業も多様な分野の技術を活用して多彩な製品を作っている。産学連携はどのような分野で活発なのか、どこの大学で行われた研究成果がどの国の産業で活用されているのか、その研究成果を産み出すための資金はどの国から提供されたのか、産学連携は距離が近い方が活発なのか、などといった問いは、特に日本ではこれまで十分に研究されていなかった。

　本書は、筆者が独自に構築した日本特許のデータベースを用いてこれらの問いに答えようとするものである。そのために用いたのが、サイエンス・リンケージと呼ばれる指標だ。これは、特許に引用されている学術論文を手がかりに、科学とイノベーションとの関係を分析するもので、特許1件当たり平均何本の論文が引用されているか、引用されている論文の著者はどこの国のどの研究機関に所属し、どこから資金援助を受けて研究したのかなどを調べる手法である。

　産学連携を考えている企業人、大学等の知財関係者、政府の政策立案に携わる人などが、これらの分析を通じ、大学を活用したイノベーションについての新しい知識を少しでも得ることができたとすれば、著者としてこれに勝る喜びはない。

目　次

はじめに……………………………………………………………………………… 3

第1章　科学とイノベーションを結ぶサイエンス・リンケージ ……… 9
　　1　科学がイノベーションに与える影響についての議論　9
　　2　日本特許のサイエンス・リンケージ分析の必要性　10
　　3　日本特許分析の利点　12
　　4　全文解析の利点　13
　　5　ここまでのまとめ　14
　　6　科学の指標としての論文　14
　　7　イノベーションの指標としての特許　16
　　8　科学のイノベーションへの影響の指標としてのサイエンス・リンケージ　19
　　9　ここまでのまとめ　20

第2章　日本特許データベースの構築 …………………………………… 23
　　1　特許データの抽出　23
　　2　テキストデータのデータベース化　25

第3章　サイエンス・リンケージの日米比較 …………………………… 27
　　1　はじめに　27
　　2　方法　27
　　3　結果　29
　　　（1）引用されている論文等の所在位置　29
　　　（2）特許サンプルに占める引用文献の比率　30
　　　（3）サイエンス・リンケージの計測　31
　　　（4）日米比較　33
　　　（5）日米比較に関する留意点　34
　　4　まとめ　36

第4章　主要4技術分野におけるサイエンス・リンケージの計測　37
　1　主要4技術分野特許の抽出　37
　2　論文等を1本以上引用している特許のサンプル全体に占める比率　38
　3　重点4分野のサイエンス・リンケージの計測　42
　4　国際出願特許の影響　45
　5　ここまでの分析結果のまとめ　47
　6　出願人の住所とサイエンス・リンケージとの関係　47
　　（1）特許権者の住所の分析　48
　　　①技術変化が起きた場所を出願人の住所から推定　48
　　　②バイオ技術分野の半数が外国からの出願　48
　　（2）技術分野と特許権者とのクロス分析　49
　　　①分析方法　49
　　　②分析結果　50
　　（3）まとめ　51
　7　請求項の数とサイエンス・リンケージとの関係　51
　　（1）分析方法　52
　　（2）分析結果　52
　8　結論　55

第5章　全技術分類におけるサイエンス・リンケージの全数計測　…　57
　1　はじめに　57
　2　自動抽出のアルゴリズム　59
　　（1）自動抽出の対象　59
　　（2）引用記述の分析　60
　　　①論文等引用部分　60
　　　②特許引用部分　60
　　　③引用部分の特徴パターン　61
　　　④パターン照合の採用・文字列のパターン照合　62
　　　⑤正規表現の採用　63
　　　⑥自動抽出性能の評価指標　63

　　　　⑦ 目標性能の実現方法　64
　　　　⑧ 正規表現の実現方法　64
　３　抽出性能向上の経緯　65
　４　技術分類別サイエンス・リンケージの計測　67
　　（1）国際特許分類の活用　67
　　（2）日欧における類似　68
　５　まとめ　73

第6章　被引用論文の属性 ……………………………………… 75

　１　はじめに　75
　２　調査方法　75
　３　結果　76
　　（1）論文等著者の国籍　76
　　（2）特許権者の国籍と被引用論文等著者所属研究機関の国籍のクロス分析　78
　　（3）論文等著者の所属機関の属性　86
　　（4）論文等の助成機関の調査　90
　４　まとめ　94

第7章　頭脳集積の必要性──発明者間の距離と論文伝達距離との比較研究… 95

　１　はじめに　95
　２　本章の目的　95
　３　調査方法　97
　　（1）バイオ技術分野特許のサンプリング　97
　　（2）発明者間距離の定義および計測法　97
　　　　① 発明者住所の緯度および経度への変換　97
　　　　② 発明者間の距離指標の定義および算出　98
　　　　③ 発明者間の重心の計算　98
　　　　④ 各発明者から発明者重心までの距離の算出　99
　　（3）論文伝達距離の計測　99
　　　　① 特許に引用されている論文の抽出　99

　　　　②論文知識創出位置の同定　100
　　　　③論文伝達距離の算出　100
　　　　④発明者間距離と論文伝達距離との比較　100
　　4　結果　100
　　　（1）バイオ特許サンプルの属性　100
　　　（2）発明者間距離の計測結果　102
　　　（3）論文伝達距離の計測結果　104
　　　（4）発明者間距離と論文伝達距離との比較　104
　　5　結論　108

第8章　大学の特許の質に関する研究 ……………………………… 111
　　1　はじめに　111
　　2　大学の特許および民間企業の特許の定義　112
　　3　大学単独特許、企業単独特許、企業共同特許および産学連携特許の抽出　114
　　4　特許の強さの分析　114
　　5　分析結果　115
　　6　考察　120

第9章　おわりに …………………………………………………… 123

参考文献 ……………………………………………………………… 135
初出一覧 ……………………………………………………………… 137
あとがき ……………………………………………………………… 139

第1章

科学とイノベーションを結ぶサイエンス・リンケージ

1　科学がイノベーションに与える影響についての議論

　ソローは、長期的経済成長の背後にある究極の推進力として「技術変化（technical change）」の重要性を強調した（Solow, 1956）。すなわち、経済成長（＝産出量の増大）は、労働力の増大、資本の増加、および、技術変化という三つの要因によってもたらされることを明らかにした。ソローによれば、第二次世界大戦後の米国経済の急激な成長の半分程度は技術変化によって説明可能である（Solow, 1957）。ソローは、生産関数をシフトさせる全ての要因を「技術変化」と呼んだが、ソローの「技術変化」を現代風の言葉に置き換えるとすれば、「イノベーション」と呼ぶのが最も適切であろう。たとえばマイケル・ポーターは、イノベーションこそが競争優位の源泉であり、「新しいやり方」は全てイノベーションであると定義している（Porter, 1990）。

　科学[1]がイノベーション、ひいては経済成長の原動力となっているということは、科学者や経済学者の間では広く認識されており、それが、政府が学術

---

　[1]　本書では、「科学」を、「自然についての、人間の経験にもとづく客観的、合理的な知識体系であって、厳密な因果性の信頼の上に観察と実験を武器にした専門的、職業的な研究者によって推進されている学問の総称（村上陽一郎）」と定義し、その目的を「自然界についての新しい知識を（学術）論文という形で発表すること（吉岡斉）」と定義する（カッコは筆者による。平凡社世界大百科事典　第2版「科学」および「技術」の項より）。したがって、本論文では「工学」、すなわち「数学及び厳密に定義された専門用語の体系でもって定式化され、学問分野化した「技術」」も、その成果物が「論文」という形を取る限り「科学」に含む。

研究（academic research）に対して支援を実施する主たる動機となっている。たとえば、マンスフィールドは、もしも学術研究の貢献がなかったとすれば、新しい製品や製造方法の10%は、その登場が著しく遅れたであろうと推定している（Mansfield, 1991）。経済的価値をもたらすイノベーションの源泉として科学に注目が集まるにしたがい、科学がイノベーションにどのように影響を及ぼしているのかに関する興味も増大してきている（Narin et al., 1997）。科学的知識の主要な源泉である大学が経済に及ぼす重要性についても、同様に注目が集まっている（OECD, 1990）。つまり、長期的経済成長の要因は、労働や資本の投入もさることながら、イノベーションによってその多くがもたらされることが明らかとなっており、科学がそのイノベーションをもたらすとされる要素の一つとして認識されているのである。

　近年、イノベーションの指標として「特許」を分析の対象とし、特許に影響を与えた科学の指標として学術論文等の「特許以外の引用文献（NPR: Non Patent Reference、以下単に論文等とする）」を計測した指標、すなわち「特許1件当たりの引用論文等数」が注目されてきている。この指標は「サイエンス・リンケージ」と呼ばれており、いくつかの留意点はあるものの、科学が技術変化に与えている影響を理解する指標として、有効であると考えられている。そのため、米国や欧州に出願された特許のサイエンス・リンケージを計測することによって、技術変化と科学の関係を解明しようとする先行研究が多数存在する。

2　日本特許のサイエンス・リンケージ分析の必要性

　しかしながら、日本に出願された特許を対象としたサイエンス・リンケージの研究はほとんど存在しない。サイエンス・リンケージに関する調査や研究については、主としてデータが整備されているという理由から、米国に出願された特許を対象としたものが多い。欧州特許庁のミッチェルらによる研究においても、特許の引用している文献の調査に関しては、日本特許のデータの不備により、米欧のみの比較しか行われていない（Michel et al., 2001）。

平成 13 年度版科学技術白書においてさえ、イギリス、フランス、ドイツ、日本、および米国内から、米国特許庁に出願された特許のサイエンス・リンケージの分析結果を引用している。そして、各国のサイエンス・リンケージを比較して、日本のサイエンス・リンケージの値が 5 カ国中最低であることを理由に、「論文の成果があまり利用されていないことを示している」と結論づけている。この白書が引用したデータは、科学技術政策研究所による「科学技術指標 2000」からのものであるが、元は CHI Research Inc. の National Technology Indicators Database を利用したもので、米国特許のデータである。要するに、世界 3 大特許庁の一角を占める日本特許庁のデータは、これまで十分に調査研究されていないのである。

　日本特許が十分に調査研究されていないのは、日本特許が重要でないからではない。むしろ、日本という米国や欧州に比肩する国内総生産を持つ地域におけるイノベーションのメカニズムを研究するためには、日本国特許庁に対して出願された特許を分析することが必要不可欠だと考えられる。なぜならば、国内マーケットのみを対象とする非貿易財に関する技術や、輸出競争力のない財に関する技術の場合には、海外における知的財産権保護のメリットがないため、海外出願は行われないと考えられるためである。海外出願される発明は、貿易財に関するものであるか、現地生産の際に必要となる技術等に関するものであって、国内出願の 2 倍以上と言われるコスト[2]を払ってでも、出願先国において知的財産権を確保するインセンティブが存在するもののみである。したがって、日本における技術変化と、それに関連する科学との関連（リンケージ）の研究を行うに際し、米国特許等の海外に出願された特許の分析のみでは、前述のような輸出競争力等の各種のバイアスを受けているおそれがあり、必ずしも十分とは言えない。すなわち、日本における技術変化の要因を探るため、あるいは、米国や欧州等の特許庁に出願されたデータとの国際比較を行うためにも、日本特許データを研究することは極めて重要であると考えられるのである。

　2　弁理士への電話インタビューによる。

3　日本特許分析の利点

　日本特許を分析することには、二つの利点がある。その一つは、前述のように、日本から海外へ出願されるのは輸出競争力のある技術のみと考えられるため、日本から米国に出願された特許を分析する場合に考えられる、データが日本が輸出競争力を持つ技術に偏ってしまうという可能性が、日本国内から日本特許庁に出願された特許に関してはないと考えられることである。

　もう一つは、米国特許法が出願者に課している、参照文献記載の義務がないことによる利点である。米国特許申請に際しては、技術の申請範囲（クレーム）を明確にするために、出願人に対して関連する文献を記載することが法律により義務づけられている。この義務を怠った場合、特許拒絶の理由となってしまう。欧州特許庁のミッチェルによれば、この米国特許法制度によって、米国特許出願に際しては、特許拒絶を避けるため、その新技術を考案した本人ではなく、弁理士等の代理人が、その新技術考案の際に発明者が依拠したか否かを問わずに関連しそうな文献をできる限り多く記載しようとする傾向がある。また、米国特許の審査官は、それを制限せず、申請書に記載された他の特許や論文等の文献を、そのまま特許の第1ページ（フロントページ）に載せてしまう傾向がある。さらに、米国においては、90年代に入ってこの制度の適用が厳格化し、それが引用文献の増加につながったと言われている（Michel *et al.,* 2001）。つまり、米国特許のフロントページには、その技術が考案される際に、考案した本人の頭の中にあった以外の文献が混入している可能性がある。別の言い方をすれば、米国特許フロントページに引用されている論文データには、ある発明が発明者の頭の中に閃いたときに、発明者の頭の中に存在していた論文等の知識以外の第三者によるノイズが混入している可能性があるのである。

　しかし、本章で調査範囲とした1995年から1999年に成立した日本特許においては、米国特許と異なり、申請された技術の新規性を立証するために関連する特許やその他の文献（non patent reference）を出願人が記載する法的義務がなかった。[3]したがって、本章で調査対象とした日本特許データには、

米国特許データと異なり、特許の拒絶を恐れるが故の引用文献が含まれているおそれはないと考えられる。つまり、日本特許の引用文献は、発明者が、ある技術を発明した際に参考にした特許や論文などの文献が、より純粋な形で引用されていると考えられるのである。これが、日本特許に引用されている文献を研究することの二番目の利点である。

4 全文解析の利点

本書では、特許のフロントページだけでなく、申請書全文を分析の対象とした。日本特許の全文を分析することの利点は、特許の本文においては審査官によって後から追加されている文献がないことから、当該技術を考案した者の考案時点における既知の論文等のみが記載されていると考えられる点である。また、一方で、フロントページも含めることにより、出願人による既知の技術の隠蔽もある程度防げる点である。

特許の本文は、出願人によって記載され、誤字等の場合を除き、原則として審査官によって修正されることはない。つまり、特許本文中には、当該技術を考案した者が、その時点で知っていた他の特許や論文等の既存の知識が純粋に表現されていると考えられるのである。したがって、日本特許の本文中には、新しい、産業に応用可能な技術が考案される要因となった論文や特許が、よりノイズの少ない形で記載(引用)されている可能性が高いのである。

一方、特許の本文のみの分析では、特許出願者はその技術の新規性を立証しようとするために既知の技術を故意に隠そうとする可能性があるため、関連する特許や論文等の技術文献が全ては網羅されていない可能性がある。しかし、特許のフロントページにおいては、特許審査官よって、その特許を審

---

3 平成14年法改正により、平成14年9月1日以降の特許出願に対して、先行技術文献情報開示要件と呼ばれる、新しい明細書の記載要件が課されることになった。先行技術文献情報開示要件は、審査の迅速化を図ることを目的として、発明者や出願人が特許出願時に知っている先行技術文献の情報を明細書中に記載することを求めたものである。この要件を満たさない特許出願に対しては、最悪の場合、拒絶査定がなされる。

査する際に用いた関連する文献が追加されている。

　以上の理由から、本研究においては、米国特許のように法律によるバイアスがなく、かつ、審査官による確認によりその技術に関連する特許や論文等が漏れていることも少ないと考えられるフロントページを含む日本特許の全文を研究の対象とした。

5　ここまでのまとめ

　これまで見てきたように、既存のイノベーションと科学との関係に関する研究においては、欧米特許のフロントページに引用されている論文等が手がかりとして用いられている。しかし、日本特許については研究がほとんどなされていない。日本特許における特許明細書本文を含む全文を研究することにより、新技術を考案した本人の頭脳の中において参照された、既存の論文等の知識をよりノイズの少ない形で計測することができる可能性がある。

　そこで、本書においては、これまでほとんど研究されていない日本特許について、そのフロントページおよび明細書中で引用されている論文等を計測する。これにより、特許性のあるイノベーションに、どの程度科学が影響を与えているのか、その影響は技術分野毎に異なっているのかを明らかとすることを目的とする。

6　科学の指標としての論文

　イノベーションに対する科学の影響を研究するためには、被説明変数であるイノベーションと、説明変数である科学との両方を、何らかの方法で計測する必要がある。本研究においては、科学の計測指標として、科学のアウトプットである論文、および、その類似物であり、より速報性を持つ学会発表紀要を用いることとし、これらを併せて「論文等」と呼ぶ。ただし、本研究中「論文」とは、定期刊行物に掲載された文章を指すこととする。書籍、技

術公開は含まない。

　より狭い論文の定義として、複数の審査員の査読を経て「論文」とのタイトルを付けられ、学術雑誌に掲載されたもののみに限定する立場もあろう。しかし、本研究における技術変化は、特許法上の発明に該当する全ての技術分野を対象としており、引用されうる定期刊行物も、分野的にもその刊行される国も非常に広範囲にわたる可能性がある。その引用されている文章全てについて、論文と冠されているかどうか、その定期刊行物が査読付きであるかどうかを弁別することは極めて困難である。また、必ずしも査読付き論文のみが科学の成果とは言えない。論文とまでは呼べないまでも、科学者の経験や直感に基づくアイディアが、エッセーなどの形で掲載され、それがイノベーションのきっかけとなる可能性もある。したがって、本研究においては、その文章が掲載されている形態が「論文」と冠されているか否かを問わず、また、掲載誌がいわゆる学術雑誌かそうでない一般的定期刊行物かを問わないこととする。

　そもそも科学の指標として論文を活用しようとする手法、すなわち「サイエンスメトリクス」の起源は、1920年以前に遡ることができる。たとえば、1917年に発表された「比較解剖学の歴史」についての研究は、比較解剖学という独特の科学分野を評価するために、参照文献とグラフの総数を分析したものであった。

　1950年代に入り、論文を含む様々な文献を扱う図書館関係者の日々の業務に必要なものとして、書誌情報データベースが開発された。これは、科学研究者の数が増大するにつれ、新しい研究成果を広める手段である学会誌などの専門誌（journal）の数が急激に増加し、膨大な数の文献を効率的に検索する手段が求められていたことに由来するものである。1955年、ガーフィールドによって、科学技術文献用の引用インデックスが開発されたことで、サイエントメトリクスという研究分野のコンセプトが確立された。この引用インデックスは、フィラデルフィアに本拠を置く彼の会社、科学情報研究所（ISI：the Institute for Scientific Information）が構築したデータベースの基礎をなすものとなった。

　1965年、イエール大学の科学史家であったプライスは、専門誌の論文

（journal articles）を活用して科学知識の量的分析を行うためのさまざまな基本原則を体系づけた。その中には、用語の使い方（words usage）や出版物（publications）における統計的パターンも含まれていた（Price, 1965）。

1976年、ナリンが、「科学研究活動の評価における出版物と引用の活用（The Use of Publication and Citation Analysis in the Evaluation of Scientific Activity）」を発表した。これは、全米科学財団（NSF：National Science Foundation）の助成金によって行われた「評価的ビブリオメトリクス（Evaluative Bibliometorics）」という研究プロジェクトの成果であった。そして、そのプロジェクトの中で書かれた論文が、「生物医学文献の構造（Narin *et al.*, 1976）」であった。この論文は、「ある論文が書かれた後、その論文が別の論文で何回引用されているかを分析することで科学出版物の重要性を標準化する」という方法論を示したものである。

このような流れの中、1989年、カズンズは、サイエントメトリクス分析に使われる測定指標（measurements）を、①数量（quantity）、②テーマまたは研究領域（topic or discipline）、③科学的インパクト（scientific impact）、④リンケージ（linkage）の4つのタイプに分類・整理した。

このように、科学活動を計測するサイエントメトリクスは、単なる論文数の計測から始まり、引用関係を利用することでリンケージを計測する手法が開発されてきた。本研究において、科学の計測指標として論文等を用いることは、こうしたサイエントメトリクスに関する先行研究を踏まえても、妥当性を持つと考えられる。

7　イノベーションの指標としての特許

イノベーションの指標としては、特許がその一つとしてよく使われている。たとえば、アーチブギは特許をイノベーションの評価指標として用いることの利点と欠点について検討し、以下のように述べている（Archibugi, 1992）。特許データの利点として、①特許は創造的な活動、なかでもビジネス上のインパクトのある活動の結果の指標となる、②特許を取ることは時間とコスト

表1　サイエントメトリクスに使われる4つの測定指標

測定指標	概　　要
①数量（quantity）	いくつの論文が特定の研究者や研究所によって書かれたかを単純に数え、論文数を比較することで、科学者間の相対的生産性を測定するもの。
②テーマまたは研究領域（topic or discipline）	専門誌（journal）に掲載されている論文を研究テーマあるいは研究領域ごとに分類して、領域毎にいくつの論文が書かれているかを数える。これにより、どの研究分野が増加傾向にあり、どの研究分野が減少傾向にあるかがわかる。
③科学的インパクト（scientific impact）	後に出版された出版物による、論文記事の引用におけるパターンを研究するもの。多くの研究者が特定の論文を引用しているということは、その論文にあるアイディアは特定の科学コミュニティ内に強い影響を及ぼしていると仮定することができる。マッピング（mapping）と呼ばれるより複雑な方法では、科学領域における研究構造を明らかにするためにクロス引用（cross-citation）のパターンを見る。マッピング手法を用いることで、その研究分野で最もポピュラーな研究テーマあるいは研究方法を特定できる。
④リンケージ（linkage）	リンケージによる測定指標にはさまざまなものがある。たとえば、研究者間のリンケージがその1つである。研究者間のリンケージを見るには、科学研究において異なる組織の研究者同士がどのように共同作業を行っているかを知るために、論文の共同執筆におけるパターン（論文の共同執筆者として1人以上の研究者がリストされているのはどこか等）を調査する方法がある。 あるいは、異なるタイプの出版物に盛りこまれた技術的・科学的知識の関係を分析するというリンケージ測定指標もある。たとえば、ある特許が新しい発明の一部としてある論文を引用しているなら、その発明はその論文に書かれている基礎研究によって影響されていると仮定することができる。

がかかるため、特許の出願は、それがコストを上回る効用が期待されていることを示している可能性が高い、③特許は技術分野毎に分類されているため、独創的な活動の比率だけでなく方向性も示している、④特許統計は大量のデータを非常に長い期間にわたって提供する、などを挙げている。

　一方、彼は、特許データには以下のような欠点があることも指摘している。すなわち、①必ずしも全ての創造的活動が特許として公開されるわけではない（企業秘密など他の方法で守られてしまう）、②特許制度上の制約から、必ずしも全ての創造的活動が特許として保護され得ない、③技術分野や産業分類によって、特許性向、すなわち創造的活動の量に対する特許件数の比率が大きく異なる、④他国への特許出願は、企業の出願先国における期待収益に依存する、⑤それぞれの国の特許制度は国際条約の存在にもかかわらず差異があり、出願者にとっての魅力は、出願先の国の特許制度のコスト、保護の効果の強さと長さ等によって異なる、の5つである。そして、これらの利点および欠点があることを踏まえつつ、アーチブギは、特許には、一国あるいは国際比較のためのイノベーションの指標として多くの利用法があることを指摘した。以上のように、特許データはイノベーションの指標として有効な指標たり得るため、イノベーションの研究において幅広く用いられている。

　また、特許の分析は企業競争力の分析にも極めて有用であり、技術の比類ない道路地図であると評価されている（Narin, 1993）。ナリンは研究者の生産性の分布を特許出願数から分析し、研究者の特許生産性には一定の法則があること、また、研究所の発明者の最上位1%が同じ研究所の平均的発明者と比べて5-10倍生産性が高く、そして、上位10%は同じく3-4倍生産性が高いことを明らかにし、人材のマネジメント、企業買収の際等に極めて有益なインプリケーションを与えてくれるとしている（Narin, 1995）。さらに、特許は、企業の戦略策定に幅広く応用されており、それは、競合相手の評価、自社技術のコア・コンピタンス分析、合併・買収の目標決定、技術的な精査などが含まれるとしている。

　また、特許は、キーとなる技術と高い経済的成功可能性を持つ会社の識別にも広く応用されている。その例として、米国、日本およびドイツの主要自動車会社11社を挙げて、その技術的な位置を特徴づける研究がなされてい

る（Narin, 1993）。アルバートらは、ある特許が他の特許に引用された回数と、その分野で見識を持った同僚の特許の技術的重要性に関する評価の間には、強い相関があることを見いだした（Albert *et al.,* 1991）。すなわち、他の特許から多く引用されている特許ほど、同僚の評価も高いという相関関係が明らかとなったのである。

　つまり、必ずしも全てのイノベーションが特許として出願されるわけではないものの、特許はイノベーションの指標として、かなり有効な指標の一つであり、研究者の生産性の計測、競合相手の評価、自社技術のコア・コンピタンス分析、合併・買収の目標設定などに幅広く用いられている。

8　科学のイノベーションへの影響の指標としてのサイエンス・リンケージ

　特許がその申請書中で引用している特許以外の文献（Non Patent Reference）は、「サイエンス・リンケージ」と呼ばれ、いくつかの先行研究が行われている。アンダーソンらは、特定分野に国家がプロジェクトとして介入する合理性を説明するため、遺伝子工学分野の技術と他の技術分野との、科学とのリンケージの強さの違いをそれぞれの分野に属する特許の引用論文数から比較することを行っている。それによれば、遺伝子工学分野の技術が、基礎的な科学研究基盤と非常に強く連関（リンケージ）していることが示された。遺伝子工学分野の技術として「ヒトの分子細胞工学分野の特許」を、基礎的な科学研究基盤として「それらの特許がフロントページにおいて引用している論文等」を調査し、政府の研究助成機関の基礎研究に対する援助が、どのようにして知的財産権の確立へとつながり、経済的に重要な技術開発を導くのかということを示した。

　この研究では、1988年から1992年までに認可されたヒトの分子細胞工学分野の1105件の米国特許を抽出するためにオリジナルのプログラムを作成し、それら特許のフロントページに記載された引用文献を調査している。具体的には、引用文献を特許と論文等に分け、特許と論文の連関（リンク）を把握する新しい手法（プログラム及びデータベース）を開発した。その新手

法は特許発明者の国籍、引用された論文の著者の所属機関、および研究費に対する謝辞の調査を含むものである。この分析により、アンダーソンらは、「バイオ技術分野は、特許化された技術が最も強く科学と結びついた分野であることが明らかとなった。バイオ技術分野の特許は、論文を特許より6倍も多く先行技術として引用していた。先行技術として引用された論文は、応用的なものではなく基礎的なものである。これは、技術変化に対して、好奇心に導かれた基礎的な研究が果たす役割についての新しい証拠を提供するものである」と主張している（Anderson *et al.*, 1996）。

ナリンらは、米国特許と科学研究論文との間の引用関係（リンク）が強まっていることを追跡することによって、科学への公的支援と産業技術の関連を検証するため、米国における公的研究機関の果たしている役割の増大を膨大なデータベース分析から実証している。そして、米国の企業特許が引用している論文の73%は、公的研究からもたらされたものであり、その著者は大学、研究機関、その他の公的研究所に所属していることを明らかにした。また、各国の発明者は、期待されるより2倍から4倍も多く自国の論文を優先的に引用している。特に、特許化された技術が米国の論文に依存する割合は急速に増えているとしている。米国特許が米国人によって著された論文を引用する頻度は、6年間に3倍になっている。具体的には、引用件数は、1987-1988年の約1万7000件から、1993-1994年には約5万件に増加した。ちなみに、この期間の米国特許総数は、30%の増加にとどまっている。そして、引用された米国の論文は、現代科学の主流であり、その特徴は、非常に基礎的であること、有力雑誌に掲載されていること、そして著者は一流の大学や研究所の所属していることである。特に、最近では米国国立保健研究所（NIH）、米国国立科学財団（NSF）、そしてその他の公的機関からの助成を受けたものが多くなっている、と述べている（Narin *et al.*, 1997）。

9　ここまでのまとめ

本書では、特許性のあるイノベーションに、どのように科学が影響を与え

ているかを明らかとすることを目的としている。そのために、イノベーションの部分集合であり、日本特許法に照らして新規性があり、実用化可能かつ有用であるものとして一定の均一な基準で審査され、特許性有りとして公報に掲載された「特許」と、科学によって産み出された知識を形式知化したものと考えられる「定期刊行物に掲載された論文等の記事および学会発表資料」(以下、これらを「論文等」と呼ぶ)との関係についての研究を行った。これは、言い換えれば、科学の営みの結果としてコード化され、公表された、公共財としての属性を持つ知識(論文等)と、財産として所有でき、イノベーションを通じて生産性の向上、ひいては長期的経済成長をもたらすと考えられる知識(特許)との関係について調査研究することであるとも言えよう。

第2章

日本特許データベースの構築

1　特許データの抽出

　日本特許が引用している、他の特許・論文等の文献情報を、特許の技術分野毎に分析するためには、大量の特許情報を横断的に検索し、技術分野毎に分類・抽出し、統計的にばらつきのないようサンプリングを行う必要がある。

　しかし、日本においては、1997年までは特許情報は有償であった。また、その入手形態も、磁気テープで情報を一括購入できる企業と異なり、研究費の限られた通常の社会科学研究者は、実質的にPATOLISというデータベースサービスを使用するしか方策がなかった。しかし、PATOLIS検索の形態は、類似特許検索等、企業・弁理士向けの一件毎の検索方法が中心で、料金体系も従量制であるため、政策科学の観点から日本特許を網羅的・横断的に分析するのは困難であった。

　1997年度から、日本の特許庁においても「特許電子図書館（IPDL）」というサービスが開始され、インターネットから無料で情報が得られるようになった。これは大きな進歩であり、画期的なことである。しかし、ホームページからの検索は、国際特許分類や技術用語による最大500件までの検索であり、そのままの形では処理が困難である。こういったことも相まって、我が国における特許データの引用文献に関する分析はあまり行われてこなかったと考えられる。

　本研究が目的とする、我が国における特許が引用している他の特許や論文等の引用文献を分析するためには、特許権が付与された特許公報の生データ

を、可能な限り入手することが望ましい。そこで、本研究では、特許公報の電子情報が CD-ROM 化されている 1993 年以降、2001 年 10 月までの特許公報および公開公報 CD-ROM データ、約 1100 枚を入手し、分析の基本とした。その後の特許公報データについても随時追加・更新している。

まず、特許庁が発行し、日本発明協会から CD-ROM が発行されている特許公報のデータを基に、独自のデータベースを構築した。最初に、技術分野別の分析を可能とするため、公報 CD-ROM のデータを全てコンピュータに格納した。CD-ROM データを全てコンピュータに入力した理由は、特許データが個別の CD-ROM に分散（表 2 参照）したままでは、任意のデータにランダムに高速でアクセスし、特定技術分野特許の抽出等の本研究に求められる演算を行うことが事実上不可能であるからである。分析開始時点までに公報として出版された CD-ROM の容量は約 800GB に及んだ。

表2　同一特許 CD-ROM に収納されたアトランダムな技術分野の特許

特許番号	発明の名称
第 2842301 号	ルーバーホルダー
第 2842302 号	チアゾリン誘導体
第 2842303 号	流体測定用プローブ
第 2842304 号	リングとじ具
第 2842305 号	対話処理方式
第 2842306 号	加湿器
第 2842307 号	III － V 族化合物半導体結晶の切断方法
第 2842308 号	電子機器のバッテリケース実装構造
第 2842309 号	硬化性フルオロシリコーン組成物
第 2842310 号	光モジュール光軸調整装置及び方法

さらに、格納したデータの文字コードを、扱いやすいように変換した。特許公報 CD-ROM の中には、文字データ（テキストデータ）や画像データが混在して収められており、しかも、文字データは一般的なパーソナルコンピュータで使われているシフト JIS コードではなく、JIS コードで記録されている。そこで、その CD-ROM データの中から画像データを除き、さらに、残ったテキストデータの文字コード変換を行うプログラムを作成し、格納した CD-ROM データを変換した。その結果、公報 CD-ROM 内の特許データに対し、その特許申請書の文字情報については全て含んだテキストファイルが 1 特許に対し 1 つずつ生成された。

2　テキストデータのデータベース化

特許公報および公開公報 CD-ROM 内データをテキストデータに変換しただけでは、まだ、申請書の文字情報が、いわば全て「ベタ打ち」された状態であり、本研究の目的達成のために必要となってくる特定の技術分野の抽出や、出願人の住所の調査、請求項の計測等の各種分析には困難が伴う。そこで、本格的なデータ分析のために、取り出したい特許の内容を検索したり、絞り込んだり、別の情報と結合したり、抽出したりといった作業とその結果を、ある文法に基づいた命令によって、論理的に取り扱えるようにすることが必要である。データベース管理ソフトウェアを用いれば、このような目的を達成することができる。

本研究においては、ソースコードも含めフリーで公開されている、リレーショナルデータベース管理ソフトウェアの 1 つである MySQL を採用することとし、CD-ROM から抽出したテキストデータを、この MySQL で取り扱えるように変換・登録を行った。

MySQL にデータを登録するためには、何らかの方法で、データ読み出しから登録までの処理を行わなければならない。このために専用のプログラムを開発した。具体的には、まず、特許 1 件毎のテキストデータファイルを読み出し、次に、特許項目別に分類し、最後に分類項目にしたがって、データ

ベースへ登録するという作業が必要となった。

　しかしながら、2番目のプロセスである特許項目別の分類の過程において問題が発生した。それは、項目の分類が必ずしも一意に可能でなかったことである。この原因は、特許の明細書は一見きわめて特定化された書式で記入されているように見えるが、大量のデータを処理する過程で、そのデータの中にはいくつか例外が存在していたことである。これがプログラムによる自動処理の障害となった。たとえば、項目をあらわすために【　と　】によって囲むことになっているが、これが片方しかなかったり、逆に、特殊な数値や単位を表す部分に使われていたりしたため、プログラムによる処理が混乱してしまったのである。このように予想していなかった文字列があると、プログラムの対応も予想していたとおりには動作しなくなり、結果として、その出力結果であるデータベースがうまく機能しないことになってしまうのである。これについては、問題が発生するたび毎に対処し、最終的にはMySQLからアクセス可能な特許データベースの作成に成功した。

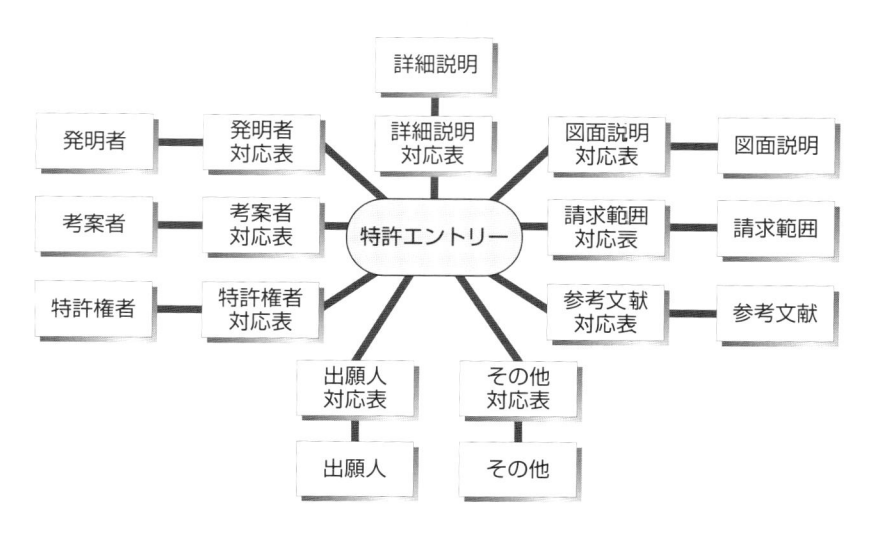

図1　構築したデータベースの構造

第3章

サイエンス・リンケージの日米比較

1　はじめに

　前章で構築した特許データベースを基に、まず、日本特許においても米国特許などと同様に、他の特許や論文の引用が存在するか否かを明らかとするため、日本特許のバイオ技術分野特許と、その補集合特許のそれぞれに対するサンプリング調査を行った。それとともに、その結果が米国に出願された特許と比べてどのような違いがあるのかを比較した。具体的には、以下の方法を用いた。

2　方法

　対象としたデータは、特許公報CD-ROM 1番（1993年）から300番（1999年8月）までの300枚分、約68万件である。そのデータから、「バイオ技術分野」の特許を抽出する「フィルタリングプログラム」を作成した。
　まず、テキストデータファイルから、国際特許分類で、C12／N15（Genetic Engineering）、C12／N1（Microorganisms）、C12／N5（Cells）、C12／N7（Viruses）、A61K／48（Gene Therapy）に属するものを抽出した。これらの国際特許分類はアンダーソンら（Anderson et al., 1996）がヒトゲノム分野特許を抽出する際に使用したものと同一である。
　ちなみに国際特許分類（IPC分類）とは、特許の公報類を利用し、活用す

るための世界共通に利用できる分類を可能とするために考案されたもので、1968年9月1日に第一版が発効した。当初は「特許の国際分類に関する欧州条約」をその根拠としていたが、その後「国際特許分類に関する1971年3月24日のストラスブール協定」に基づき、1975年10月7日、IPC同盟が成立し、改正作業が継続的に行われている。

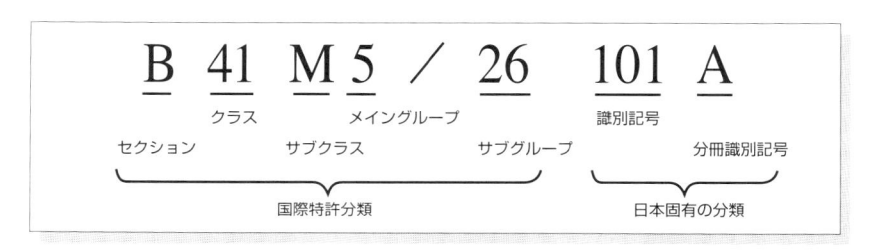

図2　国際特許分類（IPC分類）

国際特許分類よって抽出された特許に加え、国際特許分類上はバイオ技術に分類されていないものの、実際にはバイオ技術を含む特許を抽出するため、テキストデータファイルの明細書項目中から以下のキーワードを含むものを抽出した。これらのキーワードもアンダーソンらがヒトゲノム分野特許を抽出する際に使用したキーワードをなるべく適切に日本語に反映するようにして作成したものである。

　◎ベクタ遺伝子
　◎癌遺伝子
　◎遺伝子配列
　◎遺伝子療法
　◎ウイルス遺伝子
　◎バクテリア遺伝子、細菌遺伝子
　◎遺伝子障害
　◎遺伝子治療
　◎レトロウイルス
　◎細胞成長、細胞増殖

◎リンホカイン
◎シトキン、サイトカイン

　抽出した特許は、上記の国際特許分類に該当するか、または、リストのキーワードを含むかのいずれかの条件を満たすものである。こうして抽出された「バイオ技術分野特許」から、任意の 300 件を乱数を発生させて抽出した。同時に、バイオ技術分野特許の補集合である残った特許から任意の 300 件を乱数により抽出した（その他全ての技術分野特許のサンプル集合）。

　その後、どの程度の数の引用文献があるかを、それら 600 件のテキストファイルを一つずつ読み、引用部分を見つけ、引用文献を抽出し、特許および非特許（主として論文と学会発表）に分類した。

3　結果

(1) 引用されている論文等の所在位置

　図 3 は、遺伝子工学分野特許の引用文献が、特許明細書のどの部分に存在

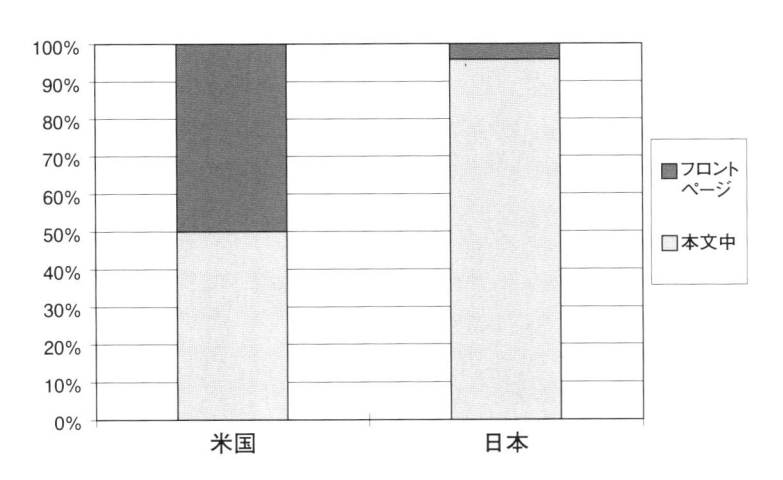

図 3　特許が引用している論文等の所在位置

しているかを示したグラフである。米国特許においては、全ての引用文献の約半分がフロントページにあり、また、フロントページと明細書本文中の引用文献は非常によく相似している、として、ナリンをはじめとする米国特許の研究者はフロントページのみを分析対象としている（Narin *et al.*, 1988）。

　しかしながら、今回行ったサンプリング調査の結果、日本においては、遺伝子工学分野のサンプル特許の全引用文献のうち4.2％しかフロントページ中に記述されていないことが明らかとなった。したがって、日本において米国同様のサイエンス・リンケージ分析を行おうとする場合、フロントページの分析だけでは不十分で、特許全文の分析が必要不可欠であることが明らかとなった。

　具体例として、最もサイエンス・リンケージが多く観測された特許を見てみた。フロントページ（【発行国】から【審査官】まで、および文末の「フロントページの続き」以降）には特許や論文等が引用されていない。一方、本文中には【従来の技術】の項に非常に多くの論文が引用されている。【発明の要旨】、【発明の構成】にも論文の引用が散見される。また、【実施例】中にも多くの手法に関する文献が引用されているが、書籍が多い。本特許は米国企業による出願であるが、いずれの引用も、一読した限りでは、発明に表現された技術の新規性を示すために論文と同様の手法で既知の特許や論文等の事実を引用して論を展開しているように思える。無関係な文献まで大量に引用しているようには見受けられない。したがって、特許の引用している論文や学会発表資料は、特許が考案される際に発明者が知っていた知識であると考えても、不合理ではないと思われる。

(2) 特許サンプルに占める引用文献の比率

　図4は、バイオ技術分野およびそれ以外の全技術分野のそれぞれの特許の引用文献を種類別に示したものである。ここで注目されるのは、バイオ技術分野特許の23％は論文等のみを引用しており、特許と論文等の両方を引用している特許の比率59％と合計すると、82％の特許が論文等を引用している事実である。それに対し、バイオ技術分野以外の全技術分野平均では、論文等を引用している特許は、全体の15％にすぎなかった。そして、72％の

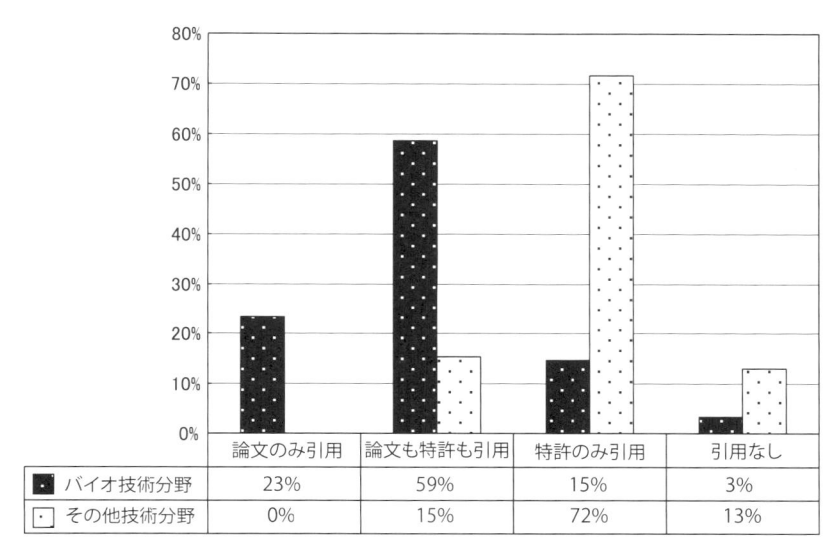

図4 技術分野による引用文献比率の相違

	論文のみ引用	論文も特許も引用	特許のみ引用	引用なし
バイオ技術分野	23%	59%	15%	3%
その他技術分野	0%	15%	72%	13%

特許は特許のみ引用、引用文献のないものも13％にのぼった。つまり、論文等を引用している特許の全300サンプルに占める比率が、バイオ技術分野特許は82％と、他の技術分野特許の15％と比較してかなり多い傾向が見られた。

(3) サイエンス・リンケージの計測

図5は、バイオ技術分野から300件、それ以外の全技術分野から300件サンプリングした特許が、それぞれ何件の特許と論文等を引用しているかを示したものである。論文等の引用件数についてバイオ技術分野とその他の技術分野を比較すると、バイオ技術分野の特許の論文等引用件数が4454件と、それ以外の全技術分野の特許の論文等引用件数211件の実に21倍にも達している。両サンプルの母分散が等しいかどうかの検定であるLeveneの検定を行った結果、F値＝153.584で、このときの有意確率は0.000となっている。この値は有意水準0.05より小さいため、「仮説H_0：2つの引用論文等サンプルの母分散は等しい」は棄てられる。等分散を仮定しない場合の母平均の差の検定をすると、t値＝-11.013で、そのときの有意確率（両側）が0.000に

なっている。この有意確率は有意水準 0.05 以下であるため、「仮説 H_0：2 つの引用論文等サンプルの母平均は等しい」は棄てられる。すなわち、両引用論文等サンプルの平均は、統計的に有意に異なっている。

　対照的に、特許の引用件数は、バイオ技術分野の特許で 1064 件、それ以外の全技術分野の特許で 1150 件とあまり差がない。特許 1 件当たりの引用件数の中央値、平均値、標準偏差のどの指標で見ても、バイオ技術分野が幾分小さな値を示すものの、論文等の引用件数のように何倍もの開きはない。両サンプルの母分散が等しいかどうかの検定である Levene の検定を行った結果、F 値 = 0.087 で、このときの有意確率は 0.768 となっている。この値は有意水準 0.05 より大きいため、「仮説 H_0：2 つの引用特許サンプルの母分散は等しい」は棄てられない。等分散を仮定した場合の母平均の差の検定をすると、t 値 = 0.495 で、そのときの有意確率（両側）が 0.621 になっている。この有意確率は有意水準 0.05 より大きいため、「仮説 H_0：2 つの引用特許サンプルの母平均は等しい」は棄てられない。すなわち、両引用特許サンプルの平均は、統計的に有意に異なっているとは言えない。また、表 3 は、バイオおよびそれ以外の特許が引用している文献の統計量をまとめたものである。日本の「バイオ技術分野」特許では、1 特許当たり平均値で約 15 件の

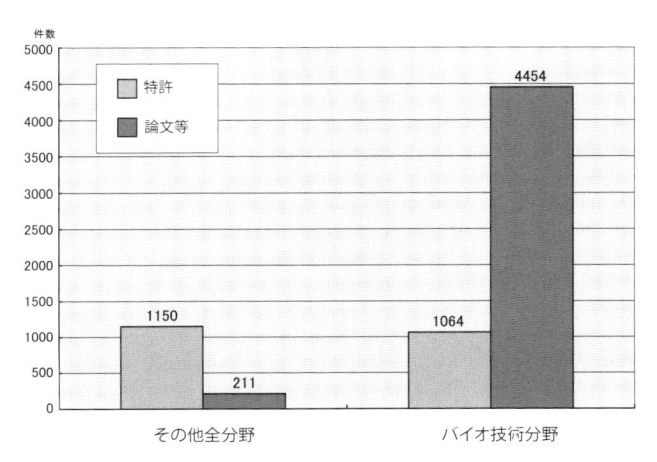

図 5　特許 300 サンプルが引用している文献合計

表3 引用文献の各種統計値

		論文等	特許
バイオ技術分野	中央値	7	2
	平均値	14.8	3.5
	最大値	213	37
	標準偏差	21.6	4.8
その他全技術分野	中央値	0	3
	平均値	0.7	3.8
	最大値	85	137
	標準偏差	5.1	8.8

論文等の引用があった。これは、特許の平均被引用件数3.5件の4倍強である。中央値は7件、最高値は213件に及んだ。標準偏差は21.6であった。

米国においては、バイオ技術分野特許は論文等の引用が特許の引用の約6倍も多く、この分野での科学依存性が高いことを浮き彫りにしているとされている（Anderson et al., 1996）が、日本特許においてもバイオ技術分野は論文引用数が特許引用数の4倍強と高い値を示した。その他の技術分野特許が、論文を特許の0.2倍（5分の1）しか引用していないことと比較すると、バイオ技術分野特許の論文等引用比率の高さが際立つ結果となった。

(4) 日米比較

表4は、日本特許と米国特許のサイエンス・リンケージの比較を試みたものである。バイオ技術分野について見ると、論文等の引用件数であるサイエンス・リンケージは、中央値は日米ともに7で同じ、平均値は日本の約15に対して米国が約12、最大値は日本が213に対して米国は442である。その他の技術分野におけるサイエンス・リンケージの平均値が日本では0.7、米国では2以下であるのと比較すると、バイオ技術分野においては、サイエンス・リンケージがその他全技術分野と比較して日本で20倍強、米国でも6倍程度大きな値となっている。

表4 サイエンス・リンケージの日米比較

	日本			米国		
	中央値	平均値	最大値	中央値	平均値	最大値
バイオ技術分野	7	14.8	213	7	11.8	442
その他全技術分野	0	0.7	85	-	2以下	-

注：米国のデータは "Human Genetic Technology: Exploring the Links Between Science and Innovation", J. Anderson et al., Technology Analysis & Strategic Management, Volume 8, No. 2, pp. 135-156, 1996 より抜粋

(5) 日米比較に関する留意点

ただし、本章において行った日米比較については、以下に記すように、日本の特許制度と米国の特許制度にはいくつかの違いがあり、また、比較対象とした部分、期間、技術分野も完全に同一ではない点に留意する必要がある。

第一に、請求範囲（クレーム）の広さや強さについて、最近でこそクレームの扱いは、日米においてかなり接近してきているものの、比較対照した時点では日米で相違があった点に留意する必要がある。なお、今後は、日本特許制度において、① 1988年以降、改善多項制の導入により、1特許内に多数のクレーム（請求項）を盛り込むことが可能になったこと、② 1994年以降記載要件の緩和により、機能的な請求の範囲の記載も可能となったこと、③均等性の議論についても、最高裁判所の示した5つの条件を満たせば可能となった、等の制度改善により、日米間のクレームの広さや強さが接近すると予想される。いずれにせよ、比較対照した特許にはこれらの制度改正より前の出願（もっとも古いもので1986年）のものもあり得、この点で完全な比較とは言えない。

また、引用文献の特許制度上の扱いが異なる点にも留意が必要である。繰り返しになるが、米国においてはフロントページに掲載される引用文献は、付与される特許の請求範囲を制限する先行技術を正確に叙述することが出願人に義務づけられているのに対し、日本特許においては「引用文献」項目は任意であった。米国特許においては、出願人によって記述された後、審査官

によって厳密かつ統制された手法で記述されており、米国特許審査官は、全ての適切な先行文献を引用するように強いプレッシャーの下にある、とアルバートらは主張する（Albert et al., 1991）。一方、日本特許においては、特許庁の審査基準室が作成した統一基準に基づき、新規性や進歩性の有無の判断は審査官に一義的に委ねられている。したがって、参照文献を記述することは特許の効力とは関係がなく、審査官それぞれに任されてきたのが実情である。これが、本章で明らかとなった引用文献の所在場所の日米での相違の原因となっていると考えられる。

比較対照した引用文献数も、本研究では出願人が記述した特許の全文から引用文献を抽出しているのに対し、アンダーソンは、特許のフロントページに審査官が選定して記入した引用文献のみを計測の対象としている。これは、ナリンら（Narin et al., 1997）の研究においても同様であり、彼らも、特許本文内の引用文献は全く無視している。ナリンらはこれを同論文内で、米国特許分析の方法論的限界として認識している。しかし同時に、「米国特許のフロントページに記載されている特許や論文等の引用文献は、審査官によって、当該特許の新規性の判断根拠として使用されているものであるため、最も重要なものが含まれているはずである」とし、かつ、「実際上、特許本文中の至る所にある引用文献を抽出するのは、フロントページのみを対象とするのに比べ、はるかに困難であるためこのような手法をとった」と弁明している。そして、その限界の程度の検証を目的として、フロントページが特許本文全体の引用文献をどの程度代表しているかについて、簡単な検討を行い、約半分の引用文献がフロントページにあり、かつ、フロントページの引用文献と本文中の引用文献の間には高い類似性があったとしている（Narin et al., 1988）。そして、別の論文で、フロントページ内の引用文献のみの分析は特許全体の引用文献を代表しており、技術の科学に対する依存性を相当程度過小に評価していると推測しても合理的であろうと述べている（Narin et al., 1997）。

一方、本研究においては、日本特許全文から引用文献を抽出している。基礎科学分野においては、ある学術論文が別の文献全文中に引用されている度合いが、論文数そのものと並んで研究の生産性を計測する基本的な指標とさ

れている（Anderson et al., 1996）。英国王立学会は、最近のレポートにおいて、英国の基礎研究におけるパフォーマンスを評価する際、大規模なサイエンス・サイテーション分析を行い、「単なる論文数の計測は基礎科学の健全性の指標を提供するのに対し、引用（サイテーション）分析はより付加価値のある弁別的な指標を提供する」と結論している。

その他の相違点として、アンダーソンの場合、米国特許分類もフィルタープログラムに加え、さらに、最後に人手によりヒトゲノム分野特許を抽出している点において、厳密には日米で技術分野が完全に一致していない。

さらに、調査対象とした特許がアンダーソンの場合は1988年から1992年に付与されたものを対象としているのに対し、本研究では1993年から1999年に付与された特許を対象としている。論文等の引用は年々増える傾向にある（Anderson et al., 1996）ことから、日本特許の引用の方がこの点からも多くなっている可能性がある。

以上のように、本章で行った日米比較は完全に同一条件での比較ではないことに留意する必要があるものの、少なくともヒトゲノム分野におけるサイエンス・リンケージが日本においても他の技術分野と比較して高く、米国と同様の傾向を持つことが明らかとなったとは言えると考えられる。

4　まとめ

本章における調査の結果、まず、日本特許にも論文等や他の特許に対する引用が存在するという事実が確認された。同時に、日本特許においては、フロントページに記載されている「参照文献」（引用文献が記載される任意項目）を調査するだけでは引用文献の分析として十分ではないこともわかった。さらに、可能な範囲でサイエンス・リンケージの日米比較を試みたところ、主としてヒトゲノム技術からなる「バイオ技術分野」の特許のサイエンス・リンケージが、他の技術分野と比較して明らかに多く、この傾向は日米で共通であることも明らかとなった。

第4章

主要4技術分野におけるサイエンス・リンケージの計測

　本章では、日本特許におけるサイエンス・リンケージは技術分野の違いによってどのように異なるかを分析する。具体的には、1995年から1999年の5年間に特許性有りと審査され、公開された特許約88万件を対象とし、第二次科学技術基本計画において重点分野とされた、バイオテクノロジー、ナノテクノロジー、情報技術（IT）、環境関連技術の4つの技術分野に属する特許群を、独自に構築したデータベースより抽出した。さらに、それら分野毎の特許集合からランダムサンプリングにより300件ずつのサンプルを抽出し、また、分野を無作為とした300サンプルとも比較を行い、日本特許の他の特許および論文等に対する引用の傾向について、特許全文を対象に、目視により分析を行った。

1　主要4技術分野特許の抽出

　まず、1995年から1999年までに発行された特許公報から、第二次科学技術基本計画において重点分野とされている、バイオ、ナノテク、IT、環境の4つの技術分野における特許を選び出すためのフィルタリングプログラムを作成し、当該技術分野に該当する特許の抽出を行った。

　その際、バイオ技術に関する特許を抽出するプログラムについては、前章と同様アンダーソンの研究（Anderson *et al.*, 1996）と極力類似させたアルゴリズムにより作成した。それにより、国際特許分類のうち、ヒトゲノム分野の非常に狭い特定の領域の国際技術分類に該当するか、あるいはヒトゲノム

関係のキーワードを含む特許を抽出した。

　IT分野特許を抽出する特許は、国際技術分類 G06F「電気的デジタルデータ処理」および H01L「半導体装置、他に属さない電気的固体装置」とした。この技術分野は、限定的な IT 分野であり、分析結果には留意が必要である。本分野のフィルタは独自設計のものである。

　ナノテクノロジー技術分野のフィルタは、経済産業省産業技術環境局技術調査課による「ナノ構造材料技術に関する技術動向調査（平成 13 年 6 月 5 日）」において用いられているフィルタに準拠した。

　環境技術分野に関しては、日本国特許庁が、国際特許分類とは異なる観点から作成し、国際特許分類と組み合わせて使用される「ファセット分類記号」中、「ZAB　環境保全技術に関するもの」が付与されているものを抽出した（表 5 参照）。

　これらの方法で抽出したバイオ、ナノテク、IT、環境の 4 つの技術分野に属する特許集合から、疑似乱数による無作為抽出によって各分野 300 件、そして、比較対象として全特許集合から（分野を特定せずに）300 件の特許を抽出した。すなわち、サンプル数は、300 件 × 5（重点 4 分野 + 全分野）= 1500 件となる。

　上記の 1500 件の特許サンプルの全文を対象に、それら特許が引用している先行特許および論文等の抽出を目視により行い、その傾向について分析を行った。

2　論文等を 1 本以上引用している特許のサンプル全体に占める比率

　バイオ、ナノテク、IT、環境の各技術分野 300 件ずつの特許サンプルのうち、どのくらいの数の特許が論文等を 1 本以上引用していたか、それが全体に占める比率、そして、1 件の特許が最大何本の論文等を引用していたかを示したのが表 6 である。

　バイオ分野においては、300 件中 235 件、率にして 78.3% もの特許が 1 本以上の論文等を引用していた。また、1 件の特許が最大 111 本の論文等を引

第4章 主要4技術分野におけるサイエンス・リンケージの計測 39

表5 重点4分野特許抽出に用いたフィルタアルゴリズムおよび適合特許数

テーマ名	フィルタ	フィルタ適合特許件数
バイオテクノロジー	1) IPC：C12N15＋C12N/1＋C12N/5＋C12N/7＋A61K/48 2) 明細書中のキーワード：ベクタ遺伝子＋癌遺伝子＋遺伝子配列＋ウイルス遺伝子＋バクテリア遺伝子＋細菌遺伝子＋遺伝子障害＋遺伝子治療＋レトロウイルス＋細胞成長＋細胞増殖＋リンホカイン＋シトキン＋サイトカイン 3) 1＋2	7,555
ナノテクノロジー	1) IPC(＋FI)：B82B1/00＋B82B3/00 2) キーワード： ナノ＋超微粒子＋メソポーラス＋（メソ＊多孔体）＋自己組織＋自己配列＋（自己＊アッセンブリ）＋（自己＊アセンブリ）＋超分子＋量子ワイア＋量子ドット＋量子井戸＋量子細線＋LB膜＋（ラングミュア＊プロジェット＊膜）＋(langmuir*blodgett)＋分子機械＋（バイオ＊素子） 3) 2のデータを次のIPCに絞る：A01N＋A23B＋A23C＋A23J＋A23L＋A61K＋A61L＋A61M＋B01D＋B01F＋B01J＋B03C＋B05B＋B05C＋B05D＋B07B＋B09B＋B22F＋B23B＋B23C＋B23D＋B23K＋B23Q＋B24B＋B25J＋B32B＋B41M＋B62C＋C01B＋C01F＋C01G＋C02F＋C03B＋C03C＋C04B＋C07B＋C07C＋C07D＋C07F＋C07H＋C07J＋C07K＋C08B＋C08F＋C08G＋C08J＋C08K＋C08L＋C09C＋C09D＋C09K＋C12N＋C12P＋C12Q＋C21D＋C22B＋C22C＋C23C＋C23D＋C23F＋C23G＋C25BL＋C25C＋C25D＋C25F＋C30B＋D01F＋D03D＋D04H＋D06F＋D06M＋D06N＋D21H＋G01B＋G01C＋G01J＋G01N＋G01N033＋G01P＋G01R＋G01T＋G02B＋G02F＋G03C＋G03G＋G03H＋G05D＋G06F＋G11B＋G11C＋G12B＋G21K＋H01B＋H01F＋H01G＋H01J＋H01L 021＋H01L 023＋H01L 025＋H01L 027＋H01L 029＋H01L 031＋H01L 033＋H01L 039＋H01L 041＋H01L049＋H01M＋H01S＋H04B＋H05B＋H05G＋H05H＋H05K 4) 1＋3	7,943
ＩＴ	IPC：G06F＋H01L	49,995
環境関連技術	広域ファセット：ZAB	6,965
無作為抽出	なし	880,043

表6 分野における論文等引用数、引用特許比率、1件当たり最大値

	バイオ	ナノテク	IT	環境
論文等引用特許数	235	126	47	24
論文等引用特許率	78.3%	42.0%	15.7%	8.0%
一特許引用論文数最大値	111	73	8	9

用していたことが明らかとなった。

　次いで、ナノテク分野の特許が300件中126件、率にして42％が1本以上の論文等を引用しており、また、1件の特許が最大73本の論文等を引用していた。

　続いて、IT分野特許300件中47件、サンプルの16％が1本以上の論文等を引用しており、1件の特許に最大8本の論文等を引用していた。

　最後が環境分野の300件中24件で全体の8％が1本以上の論文等を引用しており、特許1件当たり最大9本の論文等の引用があった。この8％という比率は、特許全体からランダムサンプリングしたサンプルに占める、論文を1本以上引用している特許の比率である12％を下回るものであった。

　これらの技術分野を、左から、論文を引用している特許の比率の多い順に並べたのが、図6である。バイオ分野では約8割の特許が1本以上の論文等を引用しており、ナノテク分野はそのほぼ半分の比率の約4割の特許が1本以上の論文等を引用していることがわかる。IT分野は、そのさらに半分の比率の2割弱（16％）の特許が論文等を引用しており、環境分野はさらに半分の8％の特許が1本以上の論文等を引用していた。このように、その発明の際に、論文の知識に依拠したと考えられる特許の比率は、技術分野によって大きく異なっており、バイオ：ナノテク：IT：環境でほぼ8：4：2：1の比率であった。

　比較のために、図7に、他の特許を1件以上引用している特許の比率を示した。これを見ると、どの分野でも8-9割の特許が先行する他の特許を引用していることがわかる。特許を申請するに際し、多くの場合、先行する他の特許を引用して新規性を主張していることが明らかとなった。

第4章 主要4技術分野におけるサイエンス・リンケージの計測　41

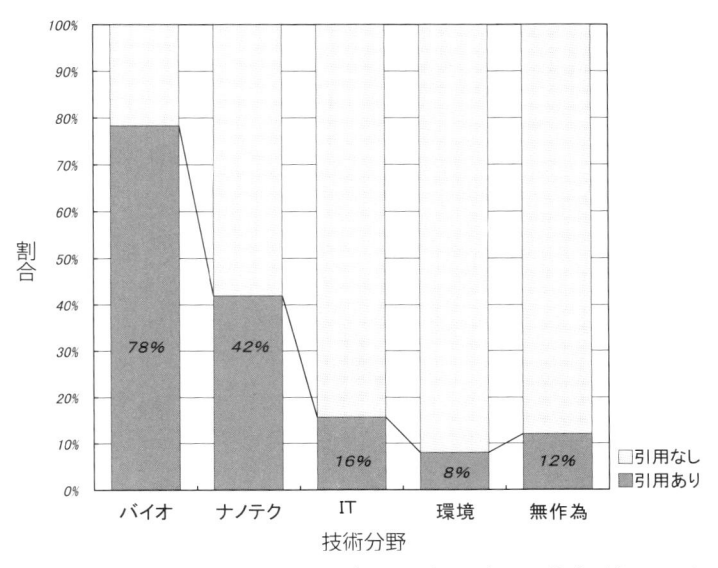

図6　論文を1本以上引用している特許の全サンプルに占める比率（各300サンプル）

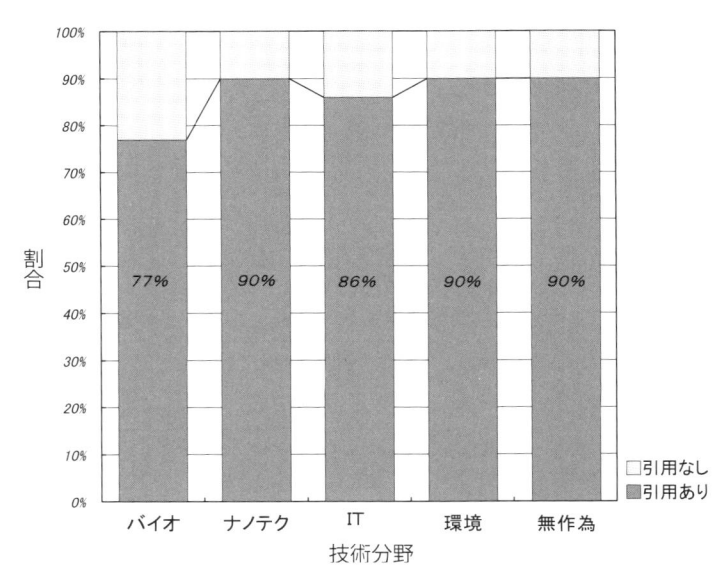

図7　他の特許を1件以上引用している特許の全サンプルに占める比率（各300サンプル）

ただし、非常に興味深い点として、バイオ分野では、他の特許を引用している特許の比率は77%と、他の分野（86〜90%）に比べて最も低くなった。また、バイオ分野で論文等を引用している特許の割合は約78%であることから、論文等を引用している特許の割合の方が、他の特許を引用している特許の比率より高い。これは、バイオ分野においては、新しい知識が、特許を出願する産業界よりも、論文を生産する大学や公的研究機関でより活発に産み出されるため、特許を出願する際にも、先行する他の特許に依拠するよりも、論文誌や学会に発表された論文等に依拠する場合が多いことを示していると考えられる。

3　重点4分野のサイエンス・リンケージの計測

表7は、バイオ、ナノテク、IT、環境のそれぞれの分野の特許サンプル300件の中に、それぞれ何本の論文等や先行特許が引用されているかを、合計と特許1件当たり平均とについて示したものである。表7に示したように、技術分野によって、特許に引用されている論文等の数（サイエンス・リンケージ）に大きな差が認められる。バイオ、ナノテク、IT、環境のそれぞれの分野の特許サンプルの論文等引用数と、無作為抽出の特許サンプルの論文等引用数とで、サンプルの母分散が等しいかどうかの検定であるLeveneの検定

表7　技術分野別引用文献数（各300サンプル）

技術分野	被引用論文等 引用数	被引用論文等 特許1件当たり	被引用特許 引用数	被引用特許 特許1件当たり
バイオテクノロジー	3,439	11.46	1,102	3.67
ナノテクノロジー	597	1.99	2,125	7.08
IT	95	0.32	927	3.09
環境関連技術	77	0.26	1,193	3.98
無作為抽出	179	0.6	1,749	5.83

を行った結果、バイオと無作為抽出、ナノテクと無作為抽出、ITと無作為抽出、環境と無作為抽出のいずれのペアにおいても有意確率は有意水準 0.05 より小さかった。すなわち、「仮説 H_0：2つの引用特許サンプルの論文等引用数の母分散は等しい」は棄てられた。

　サイエンス・リンケージが最も多くなったのはバイオテクノロジー分野であり、特許 300 件に合計で 3439 本もの論文等が引用されており、特許 1 件当たり平均で 11.46 本と、無作為抽出の平均値 0.6 本の約 19 倍の多さを示した。最も多く論文等を引用していた特許は、1件の特許に 111 本の論文を引用していた。サンプルに引用されている論文等の数の中央値は 6本であり、標準偏差は 14.6 であった。等分散を仮定しない場合の母平均の差の検定をすると、t値 = 12.484 で、そのときの有意確率（両側）が 0.000 になっている。この有意確率は有意水準 0.05 以下であるため、「仮説 H_0：バイオ技術分野と無作為抽出の引用論文等サンプルの母平均は等しい」は棄てられる。すなわち、両特許サンプルの引用論文等数の平均は、統計的に有意に異なっていた。

　次いで、ナノテクノロジー分野が、特許 300 件当たり、合計で 597 本の論文等が引用されており、特許 1 件当たり平均で 1.99 本と、無作為抽出の平均値（0.6 本）に比べて約 3 倍の多さを示した。最も多く論文等を引用していた特許は、1件の特許に 73 本の論文を引用していた。前述のように論文を 1 本以上引用している特許数が 126 件とサンプル数全体の半数以下であるため、サンプルに引用されている論文等の数の中央値は 0 本であり、標準偏差は 5.8 であった。等分散を仮定しない場合の母平均の差の検定をすると、t値 = 3.467 で、そのときの有意確率（両側）が 0.001 になっている。この有意確率は有意水準 0.05 以下であるため、「仮説 H_0：ナノテク分野と無作為抽出の引用論文等サンプルの母平均は等しい」は棄てられる。すなわち、両特許サンプルの引用論文等数の平均は、統計的に有意に異なっていた。

　これに対し、IT 分野（合計 95 本、最大値 8 本、特許 1 件当たり平均 0.32 本、標準偏差 0.92）、及び、環境関連技術分野（合計 77 本、最大値 9 本、特許 1 件当たり平均 0.26 本、標準偏差 1.1）は、無作為抽出の平均（0.6 本）よりも特許 1 件当たりの平均サイエンス・リンケージが低い傾向が認められた。ただし、等分散を仮定しない場合の母平均の差の検定をすると、有意確率（両

側）は有意水準 0.05 以上であったため、IT 分野特許サンプルおよび環境分野特許サンプルの引用論文等数の平均は、無作為抽出特許サンプルの論文等引用数と統計的に有意なほどの差はなかった。

　バイオテクノロジー、ナノテクノロジー、IT、環境関連技術、無作為抽出のそれぞれ 300 件特許サンプル毎に、引用論文等の数および引用特許数をグラフ化したのが図 8 である。

　バイオ分野は、既存研究でも指摘されているとおり、特許に引用された論文数が非常に多く、サイエンスとのリンケージの強さを示している。特許 1 件当たり論文等引用数は 11.46 本で、同分野の特許引用件数 3.67 よりも 3 倍以上多く、近年のバイオ分野の技術開発の特徴を示唆するものと考えられる。つまり、一般に特許の新規性を示す際には先行する特許を引用することが自然であるが、バイオ分野では、論文等が知識の源泉となっており、特許の新規性を示す際にも論文等が有力な証拠となっていることが示唆される。

　次に注目されるのがナノテクノロジー分野である。ナノテクノロジー分野は、サイエンス・リンケージが 1.99 本とバイオテクノロジー分野に次いで多いだけでなく、特許 1 件当たりの他特許引用数も 7.08 件と無作為抽出の

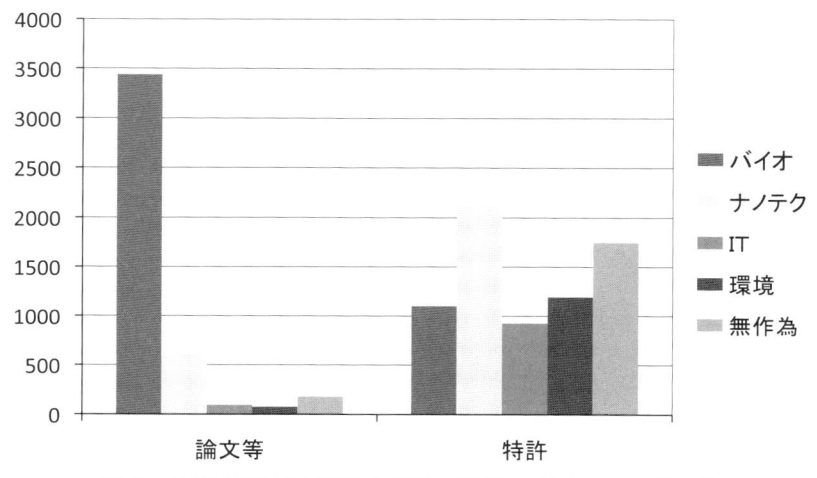

図 8　技術分野別被引用文献数（特許 1 件当たり平均値）

5.83件を上回っている(ただし、統計的に有意ではない)。バイオテクノロジーが大学や公的研究機関の産み出した科学の知識を主たる技術変化の源泉にしているのに対し、ナノテクノロジーは科学の知識と先行技術知識の両方を技術変化の源泉としていることがこの結果から示唆される。

バイオ、ナノテク、IT、環境のそれぞれの分野の特許サンプルの引用特許数と、無作為抽出の特許サンプルの引用特許数とで、母分散が等しいかどうかの検定である Levene の検定を行った結果、バイオと無作為抽出、ナノテクと無作為抽出、IT と無作為抽出、環境と無作為抽出のいずれのペアにおいても有意確率は有意水準 0.05 より大きかった。すなわち、「仮説 H_0：2つの引用特許サンプルの引用特許数の母分散は等しい」は棄てられない。等分散を仮定した場合の母平均の差の検定をすると、バイオと無作為抽出、ナノテクと無作為抽出、IT と無作為抽出、環境と無作為抽出のいずれのペアにおいても有意確率（両側）は有意水準 0.05 以上であったため、それぞれの技術分野の引用特許数の平均は、無作為抽出特許サンプルの引用特許数の平均と統計的に有意なほどの差はなかった。

4　国際出願特許の影響

これまで見てきたように、日本特許においても、サイエンス・リンケージの分析が可能であり、技術分野ごとに大きな差異があることが実証された。しかしながら、「国際出願された特許は、引用文献を明記することが当然であり、ある技術分野の国際出願の比率が高いために、その分野のサイエンス・リンケージが高くなっているのではないか」という批判は考え得る。そこで、国際特許出願の影響について分析を行った。

本研究において作成したデータベース中に「国際出願番号」という項目がある。これは、PCT（Patent Cooperation Treaty）という条約に基づいて特許が提出された際に付与される番号である。出願人は1つの特許庁（受理官庁：日本国民等の場合は日本国特許庁）に対して、1つの言語（日本人の場合は日本語又は英語）で作成した1つの出願（国際出願）を行うことにより、願

書において保護を求めるPCT加盟国(指定国)のいずれの国でも、正規の国内出願を行った効果を得ることができる。すなわち、一国に出願したことをもって、複数国に出願した場合と同様な法的効力を得ることができるのである。

この国際出願番号を有することは、その特許がPCTに基づき日本以外の加盟国に対しても権利の主張が行われているということである。表8は、国際出願の有無によるサイエンス・リンケージの相違を技術分野毎にまとめたものである。バイオ技術分野においては、国際出願番号が付与されている特許が300件中67件(22％)である。つまり、約2割の特許が国際出願されており、PCT制度に基づき複数の国に出願されている。この67件、22％という国際出願比率は、他の技術分野、すなわち、ナノテクの12件(4％)、ITの9件(3％)環境技術の6件(2％)と比較しても高い。

表8 国際出願の有無によるサイエンス・リンケージの相違

国際出願	あり			なし		
	特許数	引用論文等数	平均サイエンス・リンケージ	特許数	引用論文等数	平均サイエンス・リンケージ
バイオ	67	1017	15.2	233	2421	10.4
ナノテク	12	38	3.2	288	561	1.9
IT	9	1	0.1	291	94	0.3
環境	6	8	1.3	294	71	0.2

しかし、最も国際特許番号が付与されている特許の比率が高いバイオ分野においても、約8割の特許はPCT制度に基づく国際出願は行われていない。もっとも、ある国に出願された技術が別の国にPCT制度に基づかずに出願されている可能性は否定できないため、留意が必要である。

さて、本研究の主題であるサイエンス・リンケージに着目すると、PCT出願されていないバイオ分野サンプルの78％に当たる233件の特許においても、バイオ分野のサイエンス・リンケージは10.4と、次にサイエンス・リンケージが多いナノテク分野(1.9)と比較して5倍以上多い。そのため、

本研究における分析結果である技術分野によるサイエンス・リンケージの大きな差違は、ある技術分野の特許が論文等の文献について記載の義務がある国に多く国際出願されているためではなく、科学とイノベーションとの関連（リンケージ）が技術分野によって異なっているためであると考えられる。

5　ここまでの分析結果のまとめ

　上記の分析の結果を整理すると、まず、日本特許において特許が他の特許や論文等を多数引用しており、論文等を引用している特許が特許サンプル全体に占める比率（科学依拠特許比率）が技術分野によって大きく異なっている事実が確認された。その比率は、バイオ：ナノテク：IT：環境で、おおよそ8割：4割：2割：1割であった。

　さらに、主要4技術分野特許の論文等の特許1件当たり引用件数（サイエンス・リンケージ）の分布が、技術分野毎に大きく異なっていることが明らかとなった。具体的には、同じ300件の特許サンプル中における引用件数の合計について、多い方からバイオ、ナノテク、IT、環境の順であることが明らかとなった。

6　出願人の住所とサイエンス・リンケージとの関係

　この節の分析の目的は、観測された技術分類毎のサイエンス・リンケージの差異が、発明が起きた場所によるものなのか、それとも技術の創作過程そのものによるのかを明らかにするためである。これまでの分析で明らかになった技術分野間のサイエンス・リンケージの差異を、より詳しく分析するため、まず、技術分野によって出願人の住所に差異があるのかどうかの分析を行った。次に、バイオ技術、ナノテク、IT、環境技術の4つの技術分野毎に、出願人の住所を日本、米国、欧州等その他の3つに区分し、それぞれのグループから出願された特許のサイエンス・リンケージの計測を行った。

(1) 特許権者の住所の分析

① 技術変化が起きた場所を出願人の住所から推定

　本節の目的は、発明が起きた場所の違いによって、技術分野毎のサイエンス・リンケージがどのように影響を受けているのかを明らかとすることである。この目的のため、本章では「特許権者の住所」を「当該発明の出願人（大半が法人）の住所欄に記載されている国」と定義する。

　この点、発明者の住所の方がより重要ではないかという批判も考え得る。たしかに、一義的には特許を受ける権利は「発明者」に属する。また、発明は人間個人の頭脳によって産み出されるものであるから、「発明者」は自然人である。しかしながら、現実に出願される発明の大半は職務発明として、発明者が所属する機関が特許を受ける権利を承継し、特許権者たり得る「出願人」となっている。このような状況で、発明者の住所を分析対象とした場合、欧州に住所がある研究者が、米国の研究所で、その研究所の資金や設備を使うなど業務を行う過程で生まれた職務発明が、欧州の特許となってしまい、本章の目的である技術変化の発生場所とサイエンス・リンケージとの関係を検証するためには不都合が生じる。また、特許権は出願人が持つのであるから、特許権者の国籍を出願人の住所欄に記載された国とすることは、特許法とも整合的であると考えられる。

② バイオ技術分野の半数が外国からの出願

　図9に示すように、バイオ技術分野においては、特許権者の50％が外国からの出願であった。外国の特許権者の比率は、ナノテクノロジーでは28％、ITでは13％、環境関連技術では12％という結果となった。これは、第4章において、技術分野毎に見た場合の1特許当たり平均サイエンス・リンケージが多い技術分野の順番と同一であった。そのため、技術の本質的な特性によってサイエンス・リンケージが高くなっているという前節の結論に対して、単純に外国からの出願の影響が多いのではないかという批判が可能である。すなわち、この分析結果からすると、論文等の引用を義務づけられている特許制度を有する国からの特許権者が多い技術分野のサイエンス・リ

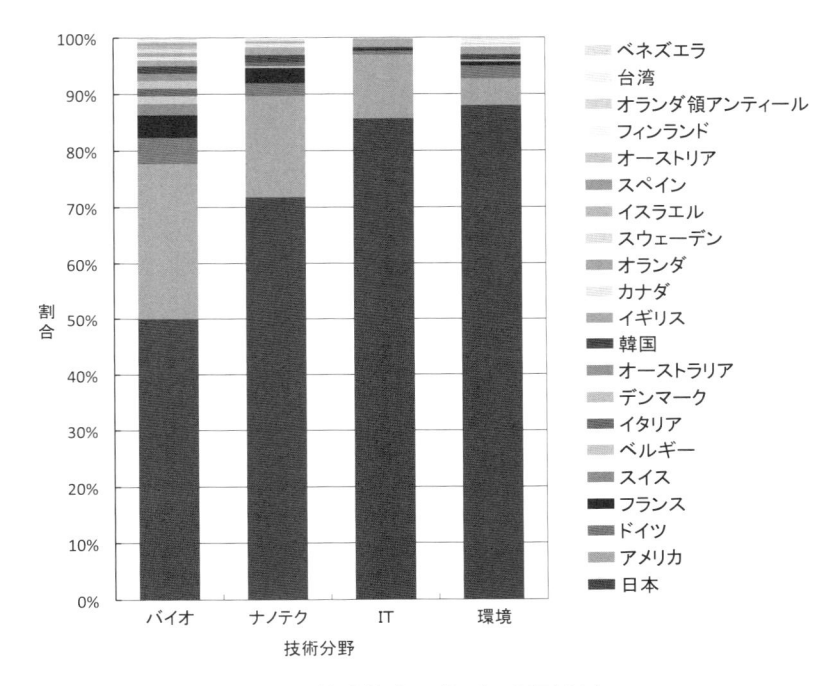

図9 特許権者の住所の国別割合

ンケージは、当然高くなるはずだという批判が可能になってしまう。そこで、特許権者の住所を日本、米国、欧州等その他に分け、サイエンス・リンケージとのクロス分析を行うこととする。

(2) 技術分野と特許権者とのクロス分析

① 分析方法

前述のように、単に技術分野毎の特許権者の住所を調査しただけでは、サイエンス・リンケージが多いのは、外国からの出願比率が多く、それが技術分野毎の平均サイエンス・リンケージに影響を与えているだけではないか、という議論が成り立つ。そこで、技術分野毎にサンプリングされた特許を、さらに特許権者の住所の国別に分類し、技術分野別・国籍別に1特許当たり平均サイエンス・リンケージを算出して国籍別に技術分野間の傾向を比較した。

② 分析結果

分析結果を表9および図10に示した。この結果を見ると、特許権者の住所の国別に分析しても、技術分野間のサイエンス・リンケージの相対的な差違が認められる。すなわち、どの国からの出願であっても、バイオのサイエンス・リンケージは突出しており、ナノテクがそれに続き、ITおよび環境技術はサイエンス・リンケージが少ないというものであった。

表9　権利者の住所別・技術分野別サイエンス・リンケージ

	米国	日本	欧州等その他
バイオ	17.20	6.17	16.19
ナノテク	4.53	1.21	2.97
IT	0.647	0.28	0.11
環境	1.142	0.18	0.68

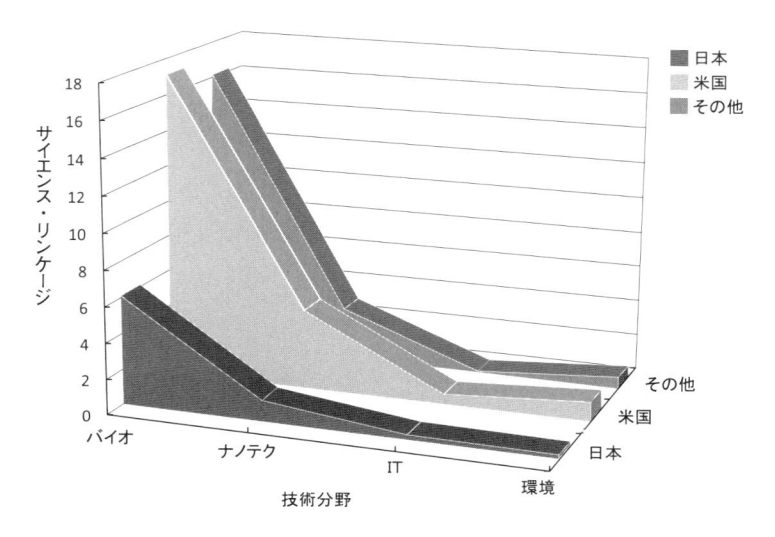

図10　特許権者の住所の技術分野別・国籍別サイエンス・リンケージ

(3) まとめ

これまでの分析結果を整理すると、特許権者の住所の国別の分布が技術分野によって異なることが明らかとなった。特に、バイオ分野では、外国からの出願が半数を占めていた。そこで、特許権者の国籍と技術分野とのクロス分析を行ったところ、特許権者がどこの国であっても、バイオ分野のサイエンス・リンケージが他の分野と比較して圧倒的に高く、続いてナノテク分野のサイエンス・リンケージが高くなっており、IT分野、環境分野がそれに続いていた。すなわち、観測されたサイエンス・リンケージの技術分野間での違いは、その技術がどこで発明されたかにかかわらず、バイオ分野で高く、次いでナノテク分野が高いという傾向が見いだされ、その違いは技術の持つ本質的な特性によるものであることが明らかとなった。

7 請求項の数とサイエンス・リンケージとの関係

これまでの議論では、1特許当たり平均のサイエンス・リンケージを技術分野毎に比較し、分析を行ってきた。本節では、技術の特性別のサイエンス・リンケージの実証を確実にするため、請求項の数との関係も分析した。

請求項とは、特許を受けようとする発明を特定するための事項の記載（特許請求の範囲）を箇条書きにしたものである。従来、特許法38条では一発明一出願を原則とし、特定の関係にある発明のみ併合出願が可能とされていた。これに対し、昭和62年改正特許法（昭和63年1月1日施行）第37条では、欧米並みの多項制を採用し、複数の発明について、一出願で出願できる範囲を拡大した。

ある特定発明に対し以下の関係を有する発明は、一出願で特許出願できることとなっている。

第37条
①特定発明と産業上の利用分野および解決しようとする課題が同一である

発明
②特定発明と産業上利用分野および請求項に記載する事項の主要部が同一である発明
③特定発明が物の発明である場合において、その物を生産する方法の発明、その物を使用する方法の発明、その物を取り扱う方法の発明、その物を生産する機械、器具、装置その他の物の発明、その物の特定の性質を専ら利用する物の発明またはその物を取り扱う物の発明
④特定発明が方法の発明である場合において、その方法の発明の実施に直接使用する機械、器具、装置その他の物の発明
⑤その他制令で定める関係を有する発明

多くのサイエンス・リンケージを持つ特許は、一つの特許に含まれる請求項も多いのではないか、そして、技術分野によって、1特許当たりの請求項に違いがあるために、このサイエンス・リンケージの技術分野による違いが生じているという可能性もあり得る。そこで、以下では、請求項の数とサイエンス・リンケージとの関係を分析することとする。

(1) 分析方法

4技術分野、各分野300件ずつ、合計1200件の特許について、特許1件毎の請求項を数え、技術分野毎に、引用されている論文等の件数を、その特許の請求項の合計で除した。これにより、1請求項当たりのサイエンス・リンケージを求めることができる。さらに、特許の請求項の数と、その特許のサイエンス・リンケージとの間に相関関係があるかどうかについても分析を行った。

(2) 分析結果

4技術分野300ずつの特許サンプルを、権利者の住所の国別に分類し、それぞれの引用論文等の合計値を算出した。そして、それを、それぞれの請求項の合計で除し、国別に比較を行った（表10参照）。

その結果、米国からの出願特許では、サイエンス・リンケージも高いが請

第4章 主要4技術分野におけるサイエンス・リンケージの計測 53

表10 1請求項当たり平均サイエンス・リンケージ

		サンプル数	引用論文等合計	請求項合計	平均値
バイオ	全体	300	3439	2444	1.41
	日本	150	926	708	1.31
	米国	83	1428	958	1.49
	その他	67	1085	778	1.39
ナノテク	全体	300	598	2038	0.29
	日本	214	260	937	0.28
	米国	53	240	710	0.34
	その他	33	98	391	0.25
IT	全体	300	95	1146	0.08
	日本	257	72	777	0.09
	米国	34	22	328	0.07
	その他	9	1	41	0.02
環境	全体	300	79	1301	0.06
	日本	264	48	915	0.05
	米国	14	16	166	0.10
	その他	22	15	220	0.07

求項の数も多いため、1請求項当たりのサイエンス・リンケージの日本との差は縮小し、技術分野による違いが際立つ結果となった。

　図11により明らかであるが、1請求項当たりサイエンス・リンケージの最も高い技術分野はバイオテクノロジーであり、ナノテクノロジーがそれに続いた。

　日本からの出願特許においても、バイオ技術のサイエンス・リンケージが突出し、ナノテクノロジーがこれに続いている。

　欧州等その他の国からの出願においても、バイオテクノロジー分野のサイエンス・リンケージが多く、次いでナノテクノロジー分野となっている。

　また図12に技術分野毎に請求項の数とサイエンス・リンケージの散布図

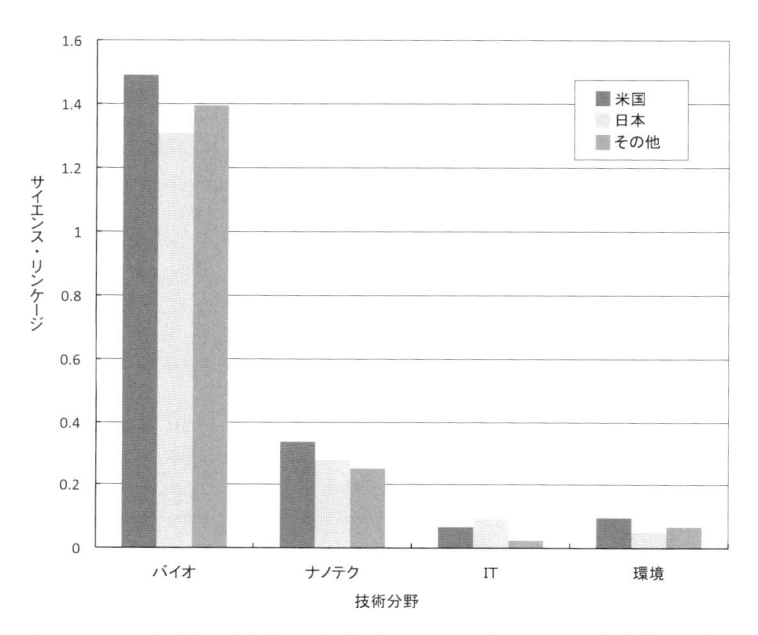

図11 1請求項当たり平均サイエンス・リンケージ（グラフ）

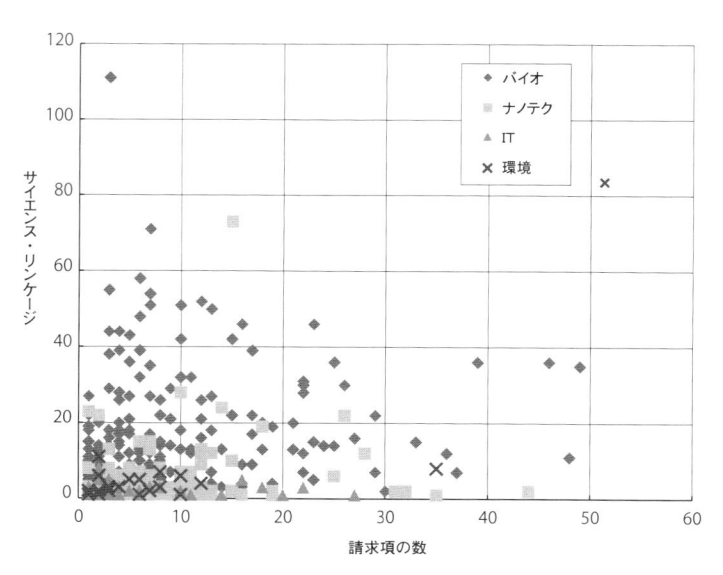

図12 請求項の数と引用論文数との関係

を示した。図から明らかなように、相関係数はいずれも低い値となった。このことから、1特許当たりの請求項の数が多いことによってサイエンス・リンケージが高くなるのではないかという疑問については、上記の分析のように、出願人の国籍別に調査した1請求項当たりのサイエンス・リンケージにおいても、バイオテクノロジー分野が最も多く、次いでナノテクノロジー分野、最後にIT分野と環境分野が続くという傾向が明確に見られた。このことから、技術分野間でのサイエンス・リンケージの違いが、イノベーションの発生するメカニズムの違いによって決定づけられることが実証されたと考えられる。

8 結論

　本章では、1995年から1999年の5年間に特許性有りと審査され、公開された特許約88万件を対象とし、第二次科学技術基本計画において重点分野とされた、バイオテクノロジー、ナノテクノロジー、情報技術（IT）、環境関連技術の4つの技術分野に属する特許をデータベースより抽出した。さらに、それら技術分野毎の特許部分集合からのランダムサンプリングにより300件ずつのサンプル及び、比較対象として分野無作為の300サンプルを抽出し、特許全文を対象として、特許及び論文等の引用件数を目視により測定した。

　その結果、サンプル全体に占める論文等を引用している特許の割合においても、特許1件当たりの平均論文等引用件数においても、多い順に、バイオ技術分野特許、ナノテク分野特許、IT分野特許、最後に環境技術分野特許という明らかな傾向が見られた。これは、統計的に1％水準で有意であった。

　この特許の技術分野の違いによるサイエンス・リンケージの違いについて、その原因を分析するため、特許権者の住所別の分析を行った。その結果、バイオ特許権者の50％が外国に住所がある機関からの出願であり、ナノテクノロジーでは28％、ITでは13％、環境関連技術では12％という結果となった。しかしながら、技術分野毎にサンプリングされた特許を、さらに特許権

者の住所で分類したところ、サイエンス・リンケージの水準こそ異なるものの、技術分野間のサイエンス・リンケージの大きな違いは残り、バイオテクノロジーが突出し、ナノテクがそれに続き、IT および環境技術は論文等の引用が少なかった。

　さらに、サンプリングした4技術分野、1200件の特許について、特許1件ごとの請求項を数え、請求項とサイエンス・リンケージの関係についても分析を行った。その結果、米国特許ではサイエンス・リンケージも高い一方で、1特許当たりの請求項も多いため、1請求項当たりのサイエンス・リンケージを計算すると、特許権者の国籍による1特許当たりサイエンス・リンケージに見られた差異は縮小し、技術分野による差異が際立つ結果となった。ここでも、1請求項当たり最もサイエンス・リンケージの多い技術分野はバイオテクノロジーであり、ナノテクノロジーがそれに続いた。

　上記の結果により、4つの主要技術分野特許サンプルにおいて観測されたサイエンス・リンケージは、特許権者の住所別および請求項数によって分析した場合でも、バイオテクノロジーが突出して多く、ナノテクがそれに続き、IT と環境技術は少ないという事実が明らかとなった。すなわち、サイエンス・リンケージは、技術分野自体によって大きく異なっており、技術の特性に基づくものであることが実証されたと考えられる。この事実は、技術分野によって特許となるイノベーションが科学から受ける影響に違いがあることを示唆するものであり、今後の科学技術政策立案に際し、技術分野毎の特性を踏まえた科学技術政策のあり方などを議論する定量的かつ実証的な基礎資料を与え得るものと考えられる。

第5章

全技術分類におけるサイエンス・リンケージの全数計測

1 はじめに

　これまでの一連の研究によって、科学技術基本計画において重点分野とされた主要4分野の特許のサンプルデータの目視による分析結果から、一定の知見を得ることができた。調査におけるサンプル特許数は、日米比較の際にバイオテクノロジーとその他の分野計600件、主要4技術分野の比較の際1500件、複写を取った被引用論文は約4000件に及んだ。これらサンプルから目視により引用されている特許および論文等を抽出したわけであるが、これは、人手による調査の限界に近いと感じられた。これ以上の研究を進めるためには何らかの手段によるブレイクスルーの必要を強く感じた。

　また、バイオ、ナノテク、IT、環境の各分野特許のサンプリングに用いたアルゴリズムは、互いに排他的ではない。たとえば、本研究において、環境関連技術は、広域ファセットと呼ばれる、国際特許分類とは別のクライテリアで識別されている。したがって、環境技術であり、かつ、他の技術分野にも該当する特許が論理的にあり得る。また、バイオテクノロジーを抽出するためのフィルタアルゴリズムで用いた国際特許分類の一部は、ナノテクノロジーで用いた国際特許分類に包含される関係にある。ITとナノテクも抽出アルゴリズムの国際特許分類が一部重なっている。これは、バイオインフォマティクスと呼ばれるバイオ技術と情報技術の融合した技術の登場や、環境を保全するためにバイオ技術を用いる場合があり得ること、ナノテクノロジーがIT分野に応用される場合があることなどと考えあわせても、不可避

のことと考えられる。つまり、第二次科学技術基本計画において重点分野とされた4つの技術分野自体が、互いに排他的でなく、複数の重点技術分野の積集合に属する技術が存在する可能性があるのである。

4分野サンプル特許に重複可能性がある一方、4つの重点技術分野以外の技術については、サンプリングの対象とならない。具体的には、環境関連技術の広域ファセットに該当せず、バイオ技術の抽出に用いたキーワードを含まない特許は、IT技術及びナノテクノロジーの抽出に用いた国際特許分類に該当しない限り抽出されない。すなわち、これまでの研究におけるフィルタアルゴリズムによって抽出されていない日本特許におけるサイエンス・リンケージについては、何も判っていないのである。

もっとも、特許とは本来、一つ一つそれぞれが互いに排他的なものである。なぜなら、特許性があると認定される技術は、新規性が必要条件となっているからである。そうした、互いに独立な技術的思想である特許をサンプリングする際に、サンプルされた特許の一部が重複する可能性があることのみをもって、これまでの4技術分野比較が無意味であるとは言えないと考えられる。繰り返しになるが、それは4技術分野という区分自体の持つ重複可能性によるものだからである。さらに、実際にサンプリングされた特許は、一件も重複していなかった。したがって、サンプルの重複可能性に留意する必要はあるものの、これまでの研究は日本特許に関するサイエンス・リンケージを初めて計測したものとして意味があると考えられる。

しかしながら、日本特許における技術と論文等との関係を網羅的に研究するためには、その特許を分類するための区分法に、重複や漏れの可能性のないものを用いる必要がある。そのためには、重点分野以外の特許も含め、互いに排他的な技術分類であり、全ての特許に付与されている国際特許分類を用いて、いわば技術を一次元の数直線上に並べ、分類し、その技術分類毎にサイエンス・リンケージを計測する必要があると考えられる。

人手による特許の引用論文等抽出の限界を克服し、一意に特定可能な技術分類に基づいて、多数の特許のサイエンス・リンケージを計測するためには、何らかの形でサイエンス・リンケージの抽出を自動化する必要がある。幸い、日本特許は全文が電子化されており、コンピュータの利用が比較的容易であ

る。したがって、人間の目視によって行った場合を手本とし、合理的な程度に、漏れなく、かつ、誤ってよけいな情報を抽出することがなく、被引用文献の抽出を自動化することができれば、データベース化されている特許全件について、網羅的な技術分類によるサイエンス・リンケージの計測を行うことが可能となる。引用論文等の抽出の自動化が可能となれば、技術分類という軸での分析だけでなく、公報に掲載された年や出願された年別の、時間軸による分析の可能性も開けてくると考えられる。

2　自動抽出のアルゴリズム

（1）自動抽出の対象

　特許の中に引用されている文献には、特許、各種文献、物質、遺伝子など様々な種類がある。しかし、本研究の目的は、特許が引用している特許を特許として、論文等を論文等として抽出し、その結果を、可能な限り人が目視によって抽出したサンプルファイルに近づけることである。したがって、特許テキストデータからの抽出は論文等と特許に限定した。また、著者や発行日の所在の特定できるものとしては、学位論文、論文誌、機関紙および雑誌に記載された論文が主たる対象となる。単行本中の記述については、論文と類似した形で著者や発行日が記載されているものは、論文との弁別が困難なため含まれ得る。これが、検出性能にどのような影響を与えるかを検証する。書籍の形態を取っていても所在の特定できないものは含まないものとする。たとえば、企業の発行した技術解説書や百科事典などは対象としない。これは、人手による抽出でも同様である。

　これ以降、抽出対象となる特許以外の文献のことを「論文等引用部分」という表現で表し、また、特許の引用部分は「特許引用部分」という表現を用いて、これら2種類を引用対象として検討する。

　目的とする引用文献を自動的に検出するためには、データの存在と引用パターンの決定が必要になる。引用パターンの記述方法は、抽出アルゴリズム

に依存するため、適切なアルゴリズムを決める必要がある。

(2) 引用記述の分析

① 論文等引用部分

特許に限らず論文引用部分に記述されているのは、著者名、発行年、記載誌名、巻、号、ページなどである。これらのうち、場合によって著者名もしくは記載誌名と発行年だけの場合があり、きわめて引用の特定が困難な場合もある。さらに、これらが一つの文節を形成して、論文の固有な情報として書かれていることもあれば、「(著者) が (発行年) に書いたように」などと文章形式で記述されているものもある。

論文引用部分は、海外特に米国の論文を引用しているものが多く、アルファベット表記の部分になる。ただし、場合によってはすべてカタカナに直して表記しているものや、アルファベットとカタカナを併記しているものもある。また、アルファベットの場合には、半角または全角を用いている。

形態としてこれに属するものの具体例を次に挙げる。

> D.E.Couch ら J.Electrochem.,99 巻、(6)，234 頁
> 日本コンタクトレンズ学会誌、23 P.10〜14 (1981)
> [Yu.A.Ovchinnikov,N.G.Abdulaev,et.al.,Bioorg.Khim, 4 ,1573 (1978)]

② 特許引用部分

論文引用部分に比べると、特許引用部分はきわめて限定された記述である。それは、特許番号もしくは公開番号という固有の番号が必ず記述されるということであり、さらに番号が何を表しているかを「特願平１２３４５６７８」のように直前に特定の文字列で記述している。海外の特許の場合も同様で、「US0123456」などのように番号に先行する特定の文字列で国などの種別を表している。

具体的な例を次に挙げる。

> 特開昭61-281760（JP、A）
> 実公昭59-18975号公報
> 米国特許第4、579、144号
> 西独公開明細書第3306571号
> スイス国特許第452479号

③引用部分の特徴パターン

論文引用部分および特許引用部分それぞれに特徴的なパターンを探すと、おおむね次のようなことがわかる。

　論文引用部分：年号と著者を必ず含んでいる
　特許引用部分：番号と種別文字列を必ず含んでいる
　引用部分が記述される可能性のある特許明細書記載項目

　特許明細書データには、【 と 】でかこまれた記述項目を表している部分で文字列の先頭にある記述単位を示しているものがある。本章では「特許明細書記載項目」と呼ぶこととする。次のような項目がある。

発行日	出願日	出願人
発明の名称	公開番号	発明者
国際特許分類	公開日	参考文献
FI	国際出願番号	要約
特許請求の範囲	国際公開番号	発明の詳細な説明
請求項の数	国際公開日	図面の簡単な説明
発行国	審査請求日	特許権者
公報種別	優先権主張番号	代理人
特許番号	優先日	要約の語
登録日	優先権主張国	符号の説明
全頁数	公表番号	調査した分野
出願番号	公表日	弁理士

この中で、引用の記述の可能性がある部分は、サンプルを見る限りは、
　　・特許請求の範囲
　　・参考文献
　　・発明の詳細な説明
　　・図面の簡単な説明
に限定してよいと判断できるので、この項目のみを引用記述のある特許明細書記載項目としている。
　なお、特許明細書記載項目は行の途中にくることはないはずだが、まれに記述誤りと思われるデータにそのようなものがある。それについては、行の途中でも特許明細書記載項目が現れることがあるという前提で検索を行っている。また、行中には【青】などのまぎらわしい記述も存在する場合があり、ここではそれらを対象外として扱うが、引用検出の「漏れ」をなくす意味から、これらもプログラムによって検出対象としている。

④パターン照合の採用・文字列のパターン照合
　文字列が決められたパターンと一致するかどうかを検査することを文字列のパターン照合というが、照合する対象を対象文字列、元となるパターンを参照文字列とするような2つの文字列間の比較の実現ということになる。
　たとえば、双方の文字列先頭から一致する点を探すのを「前方一致」といい、反対に文字列最後尾から探すのを「後方一致」という。
　いずれの場合も、参照文字列は「株式会社」とか「研究所」などという固定パターンを想定するだけでなく、「株式会社」という文字列が固有名詞の単語の後ろにつく場合を想定して「＊株式会社」などという記号「＊」を使うことができれば、豊富な表現方法が可能になる。このような固定パターンでない文字列を機能文字といい、前述の「＊」はワイルドカードとして様々に使用されている。
　機能文字はパターン照合アルゴリズムの数だけあるといってもよく、ここですべてを紹介することはできないが、代表的なものを示しておく。
　ワイルドカード……一文字の任意の文字列と照合するものと、任意長の任

意文字列と照合するものがある。

位置の記憶……あるパターンと照合した文字列位置を＄１のような変数に記憶し、＄１から何文字以内の範囲で別のパターンの照合を行うといったような、条件付パターン照合を行う場合に使用する。

照合したパターンの記憶……参照文字列がいくつかあった場合やワイルドカードとの組み合わせで、実際に照合した文字列を変数に記憶し、上記と同様に条件付パターン照合を行う場合に使用する。

⑤正規表現の採用

パターン照合方法の中で現在最も普及しているものの一つが正規表現（Regular Expression）である。正規表現とは、文字列に対し、前述の機能文字を組み合わせて検索を行う手法の一つである。UNIX系のコマンドラインのツールをはじめ、各種エディタ、ワープロ、ブラウザのサーチエンジンに至るまで使用されている。特に、プログラム言語やスクリプト言語から使用可能である点が重要である。本研究で使用したものはそれらに準拠したものである。

⑥自動抽出性能の評価指標

正規表現はパターン照合であるので、ワイルドカードを使用して多くのパターンが照合するように一般化することもできれば、特定の文字列だけを探すようなこともできる。このような一般化と特定化の基準は、その検索される対象の精度と再現率を最高にするということになる。すなわち、どのような結果が得られたならば、特許の引用文献を検出できたことになるかを定義する必要がある。一般に、情報検索で行われるように、目的とする情報と検索できた情報が合致すれば、その達成を認めることができ、その過程で「漏れ」や「ごみ」のない方法を得ることが必要になる。これらの正確な定義をするために次の検索に関する交差行列から情報を定義して使う。この行は検索に対して適合するかどうかを示し、列は検索結果が検索できたかどうかを示す。また、それぞれの変数は情報の数（件数）を示す（表11参照）。

表 11 検索の交差行列

	検索された情報	検索されなかった情報
適合情報	w	x
非適合情報	y	z

再現率（recall）R
検索した結果にどれだけ「漏れ」がないかを示す指標。

$$R = \frac{w}{w + x}$$

精度（precision）P
検索した結果にどれだけ「ごみ」がないかを示す指標

$$P = \frac{w}{w + y}$$

⑦ 目標性能の実現方法

再現率を高めるために、検索する範囲を広くしてやれば「漏れ」は少なくなる。一方、精度を高めるためには、検索する内容を詳細化して必要のない「ごみ」を検索しないようにする必要がある。この両方を同時に満足する検索方法が求められるが、そのために検索する内容の一般化（広げる）と特殊化（狭める）をどうするかを決める必要がある。再現率と精度は背反的（トレードオフの関係）であり、どのような検索においてもこの問題は困難とされている。本研究においては、再現率及び精度の両方で95％以上を目標とした。

⑧正規表現の実現方法

正規表現は一般に実装されている実現方法として、有限状態機械によるものが多くなっている。これは、検索速度を上げるためには、検索アルゴリズムに適している方法であるという理由による。有限状態機械とは、動作が状態に依存するアルゴリズムのことで、このアルゴリズムを表現するのは、状

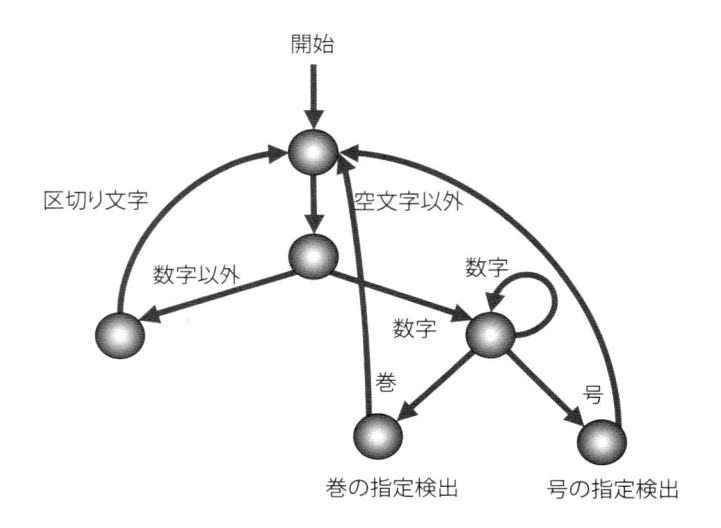

図 13　状態遷移図

態遷移図を用いるとわかりやすい。図 13 は、状態遷移図で、あるパターンの検索を行う様子を示す。

　状態遷移機械は、コンピュータの最も得意とするアルゴリズムである。多くの処理系では正規表現はコンパイルされて実行可能な形式になる。すなわち、正規表現はそのままプログラムに変換できるので、高速な検索が可能になるのである。

3　抽出性能向上の経緯

　第一段階で作成したプログラムは、特許データを読み込んで、引用箇所を検出し、結果を出力することはできたが、検出できるのは簡単なパターン照合のできる部分だけであった。これからさらに照合するパターンを調整して精度の高い検出をできるようにする必要がある。このために、細かな照合パターンの分析をする必要があることがわかった。

したがって、第二段階において、パターン照合を試すツールを開発することとした。このツールを活用し、照合パターンルールを変更したときに、結果にどのような違いが現れるか、目で確認しながら、トライ＆エラーでメタ文字による検索式を改善させることにより、検出結果の精度と再現率を改善した（図14参照）。

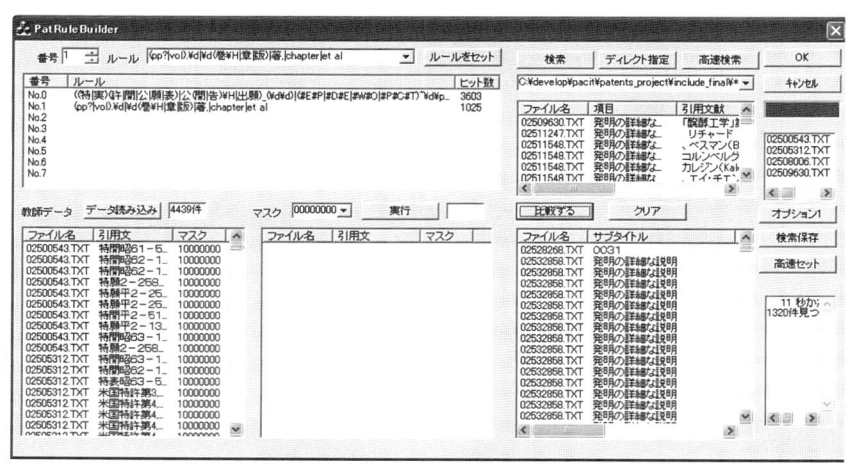

図14　異なるルールを組み合わせて検索能力を高める

プログラム開発の段階として、まず有効な正規表現パターンの探索ツールの作成と当該パターンの人手による探索を行い、続いて、確定した正規表現をプログラムで実現することを繰り返して、実際の目的に則した抽出プログラムの作成を行った。

その結果、特許サンプルを人間が目視によって抽出した「正解」と比較して、引用データの抽出性能（再現率）においても、引用でないものを拾ってしまわない精度においても、性能のある程度高い（約98％）ものを実現した（図15参照）。

図 15　自動抽出性能の推移

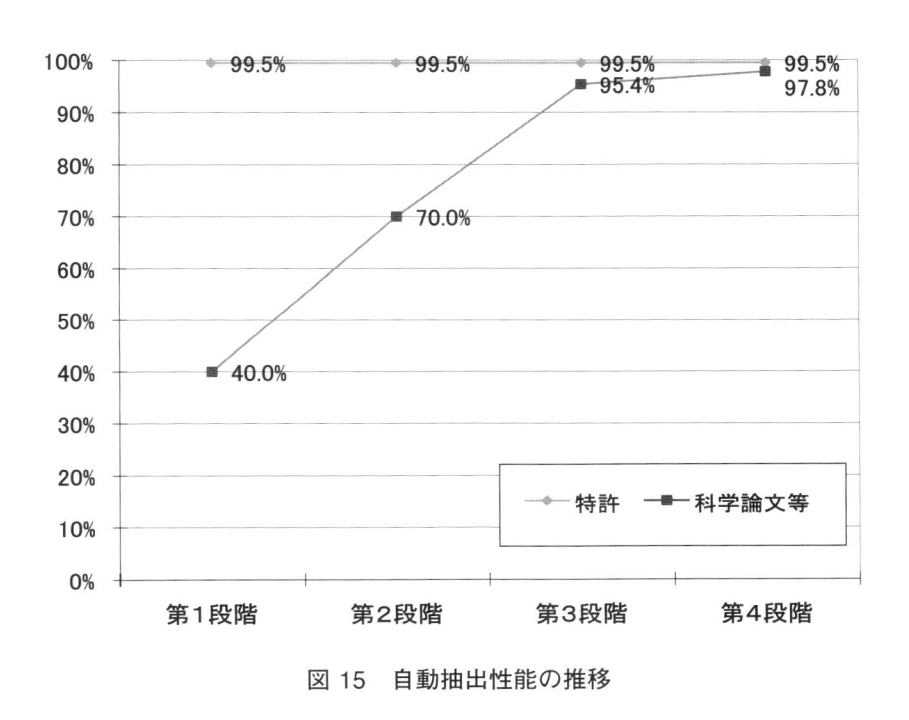

4　技術分類別サイエンス・リンケージの計測

(1) 国際特許分類の活用

　特許公報には、それぞれの特許が主として分類される技術分野が、国際特許分類に基づいて一つ明記されている。これは、公報に掲載された全ての特許が、いずれかの技術分類に一意に分類されることを示す。もちろん、ある特許が、主としてAという分類に属するが、別の見方をすればBにも分類しうる、というケースはままあり、そうした場合は「副分類」としてBが記載される。しかし、あくまで一つの特許につき「主分類」は一つである。
　国際特許分類は、全技術分野を8大区分（セクション）にまず分け、その中を以下のようにさらに細かく展開するという方法を採用している。すなわ

ち、セクション→クラス→サブクラス→メイングループ→サブグループという順に分類が細かくなっていく（図2参照）。サブグループの中はさらに区分され、1ドットサブグループから、その部分集合である2ドットサブグループ、さらにその部分集合である3ドットサブグループ…と6ドットサブグループまでの入れ子構造になっている。分類の細かさは、互いに排他的な分類であるサブクラスレベルで約600、サブグループレベルでは3万以上になり、解説書は1600ページを超える大部のものである。

本研究においては、構築した特許データベースのうち、95年から99年までに特許性有りとして公告された約88万件の特許を、最も細かいサブグループレベルで分類し、それぞれのサブグループ毎に引用されている論文等を自動計測した。前述のようにサブグループレベルは分類間が入れ子構造になっており、網羅的でないが、最も細かいレベルで分類しておけば、より大まかなレベルでの分析は、そのレベルに含まれる特許の引用論文等の数を合計することによって分析可能である。

(2) 日欧における類似

図16に、サブクラス（600分類）毎に計測された論文等の引用数をその分類に属する特許数で除した、サブクラス別平均サイエンス・リンケージを示す。技術分類別に見ると、サイエンス・リンケージは、平均的にどの分類でも同じように見られるわけではなく、特定の技術分類が目立って多いことがわかる。このグラフを見ると、一見肉眼では白色に見える太陽光をプリズムで分光すると特定の波長に輝線が見られるスペクトルに分光されることが思い起こされる。このように、技術分類によってサイエンス・リンケージが大きく異なっているということは、新しい技術の創造されるプロセスが技術分野毎に大きく異なっていることを示していると考えられる。

表12はサブグループ平均サイエンス・リンケージの多い順に1位から20位までを表にまとめたものである。日本特許において最もサイエンス・リンケージが多い分野は「C12N 微生物または酵素、その組成物、微生物の増殖・保存・維持、突然変異または遺伝子工学、培地」で4万4425件の特許に平均14.6件の論文等が引用されていた。次いでサイエンス・リンケージが多かっ

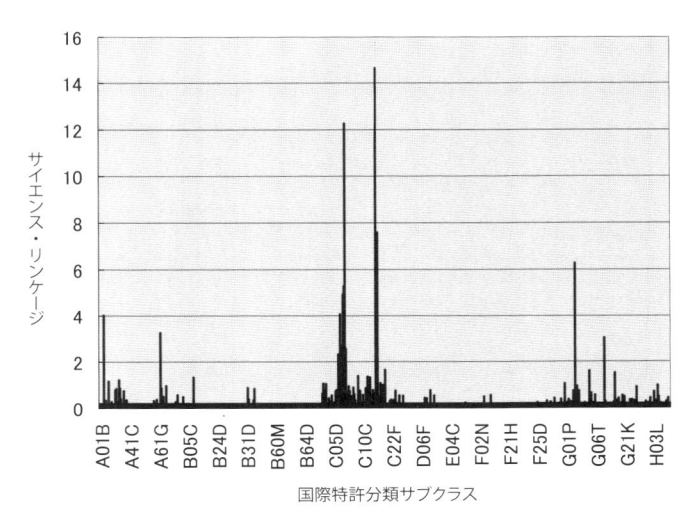

第5章 全技術分類におけるサイエンス・リンケージの全数計測　69

図16　被引用論文等のサブクラス別自動抽出結果

たのは「C07K　ペプチド」で1万8390件の特許に平均で12.3本の論文等を引用していた。第3位は「C12Q　酵素または微生物を含む測定または試験方法、そのための組成物または試験紙、その組成物を調整する方法、微生物学的または酵素学的方法における状態応答制御」であり、この分類に属する5442件の特許の平均サイエンス・リンケージは7.6、第4位は「C12P　発酵または酵素を使用して所望の化学的物質もしくは組成物を合成する方法またはラセミ混合物から光学異性体を分離する方法」で9617件の特許の平均サイエンス・リンケージは7.0であった。第1位から第4位までは全てセクションC「化学・冶金」に属する技術であった。

第5位にはセクションG「物理学」に属する「G03C　写真用感光材料、写真法（例：映画、エックス線写真法、多色写真法、立体写真法）、写真の補助処理法」がランクインした。2万4018件の特許の平均サイエンス・リンケージは6.3であった。

第6位から第8位までは再びセクションC「化学・冶金」に属する技術がランクインした。第6位は「C07J　ステロイド」であり、1373件の特許の平均論文等引用数は5.3本であった。第7位は「C07H　糖類、その誘導体、

表12 サブクラス平均サイエンス・リンケージベスト20

(　　　は欧州特許でサイエンス・リンケージ上位ベスト10にランクされた分類)

順位		サブクラス	特許数	サイエンス・リンケージ
1	C12N	微生物または酵素、その組成物、微生物の増殖・保存・維持、突然変異または遺伝子工学、培地	44,425	14.6
2	C07K	ペプチド	18,390	12.3
3	C12Q	酵素または微生物を含む測定または試験方法、そのための組成物または試験紙、その組成物を調整する方法、微生物学的または酵素学的方法における状態応答制御	5,442	7.6
4	C12P	発酵または酵素を使用して所望の化学的物質もしくは組成物を合成する方法またはラセミ混合物から光学異性体を分離する方法	9,617	7.0
5	G03C	写真用感光材料、写真法(例:映画、エックス線写真法、多色写真法、立体写真法)、写真の補助処理法	24,018	6.3
6	C07J	ステロイド	1,373	5.3
7	C07H	糖類、その誘導体、ヌクレオシド、ヌクレオチド、核酸	2,837	5.0
8	C07D	複素環式化合物	24,241	4.1
9	A01H	新規植物またはそれらを得るための処理、組織培養技術による植物の増殖	596	4.0
10	A61K	医薬用、歯科用または化粧用製剤	23,852	3.3
11	G09C	秘密の必要性を含む暗号または他の目的のための暗号化または暗号解読装置	233	3.0
12	C07G	(有機化学のうち) 構造不明の化合物	138	2.7
13	C07F	(有機化学のうち)(炭素、水素、ハロゲン、酸素、窒素、硫黄、セレンまたはテルル以外の元素を含有する) 非環式、炭素環式または複素環式化合物	3,651	2.6
14	C08B	(有機高分子化合物、その製造または科学的加工、それに基づく組成物のうち) 多糖類、その誘導体	1,155	2.6
15	C07B	(有機化学のうち) 一般的方法あるいはそのための装置	468	2.3
16	C07C	(有機化学のうち) 非環式化合物または炭素環式化合物	15,291	2.0
17	C14C	原皮、裸皮またはなめし革の科学的処理	51	1.6
18	G06E	光学的計算装置	56	1.6
19	G10L	音声の分析または合成、音声認識	1,761	1.5
20	C09H	にかわまたはゼラチンの製造方法	18	1.4

ヌクレオシド、ヌクレオチド、核酸」であり、2837件の特許平均サイエンス・リンケージは5.0であった。次いで、第8位には「C07D　複素環式化合物」がランクインし、2万4241件の特許の平均論文等引用数は4.1件であった。

　これらの技術分類の中身を見てみると、いずれもバイオテクノロジーやナノテクノロジーに関連する技術分類であり（表5参照）、第1位のC12Nはバイオ技術分野を抽出する際のフィルタアルゴリズムに使われた技術分類である。第2位から第8位までの技術分類、C07K、C12Q、C12P、G03C、C07J、C07H、C07Dおよび、第13位から第16位までの技術分類C07F、C08B、C07B、C07Cは、ナノテクノロジー分野の技術を抽出する際に、これらの技術分類に属する特許のうちナノテクノロジーに関するキーワードを含むものを、ナノテクノロジー分野の特許として抽出した技術分類である。

　第9位には「A01H　新規植物またはそれらを得るための処理、組織培養技術による植物の増殖」がランクインした。596件の特許の平均サイエンス・リンケージは4.0であった。この技術分類は、重点4分野特許を抽出するアルゴリズムには含まれておらず、この分野のサイエンス・リンケージが高いというのは新たな発見である。

　第10位にランクインしたのは「A61K　医薬用、歯科用または化粧用製剤」で、2万3852件の特許平均で3.3本の論文等引用があった。この技術分野は、1位にランキングされたC12Nとともに、バイオ分野特許を抽出するためのフィルタアルゴリズムに使われており、この特許分類に属する特許のうち、ベクタ遺伝子、ガン遺伝子などのキーワードを含むものがバイオ技術分野特許として抽出されている（表5参照）。また、この技術分類はナノテクノロジー分野の特許を抽出するのにも用いられており、この特許分類に属する特許のうち、ナノ、超微粒子、メソポーラスなどのキーワードを含む特許が、ナノテク分野特許として抽出されている。

　11位にランクインした「G09C　秘密の必要性を含む暗号または他の目的のための暗号化または暗号解読装置」（233件の特許の平均サイエンス・リンケージは3.0）、18位にランクされた「G06E　光学的計算装置」（56件の特許の平均サイエンス・リンケージは1.6）、および、19位にランクされた「G10L　音声の分析または合成、音声認識」（1761件の特許の平均サイエン

ス・リンケージは 1.5) も、全技術分野特許のサイエンス・リンケージ計測によって新たに見いだされたサイエンス・リンケージの高い技術分野である。重点 4 分野のサイエンス・リンケージの計測で用いた IT 分野のフィルタアルゴリズムは、「G06F（電気的デジタルデータ処理）か H01L（半導体装置、他に属さない電気的固体装置）に属する特許」であったため、G09C（暗号化または暗号解読装置）、G06E（光学的計算装置）、および、G10L（音声の分析または合成、音声認識）に関してはカバーできていなかった。

12 位の「C07G （有機化学のうち）構造不明の化合物」も新たに見いだされたサイエンス・リンケージの高い技術分野である。138 件の特許が平均して 2.7 件の論文等を引用していた。

13 位から 17 位、および、20 位には、再びセクション C「化学・冶金」に属する技術がランクインした。第 13 位には「C07F （有機化学のうち）（炭素、水素、ハロゲン、酸素、窒素、硫黄、セレンまたはテルル以外の元素を含有する）非環式、炭素環式または複素環式化合物」がランクインし、3651 件の特許の平均サイエンス・リンケージは 2.6 であった。第 14 位は「C08B （有機高分子化合物、その製造または科学的加工、それに基づく組成物のうち）多糖類、その誘導体」であり、1155 件の特許平均のサイエンス・リンケージは 2.6 であった。第 15 位は「C07B （有機化学のうち）一般的方法あるいはそのための装置」で 468 件の特許平均のサイエンス・リンケージは 2.3、第 16 位は「C07C（有機化学のうち）非環式化合物または炭素環式化合物」で 1 万 5291 件の特許平均のサイエンス・リンケージは 2.0、第 17 位は「C14C　原皮、裸皮またはなめし革の科学的処理」で 51 件の特許平均のサイエンス・リンケージは 1.6 であった。20 位の「C09H　にかわまたはゼラチンの製造方法」の 18 件の特許平均のサイエンス・リンケージは 1.4 であった。

データベースに収録されている約 88 万件の特許全体のサイエンス・リンケージの平均は 0.5 で、ランキングとしては 83 位相当であった。つまり、平均よりも多いサイエンス・リンケージを示す技術分類は、約 600 の技術分類のうち 14％程度の 82 の技術分野しかなく、残り 86％の技術分類は、平均以下のサイエンス・リンケージしかないことになる。このことからも、サイ

エンス・リンケージの多い技術分類が一部に偏っていることがわかる。

これらの結果は、ミッチェルらによる欧州特許におけるサイエンス・リンケージの傾向とも類似している（Michel et al., 2001）。具体的には、サブクラスレベルで比較した場合、サイエンス・リンケージの多い上位3位（C12N、C07K、C12Q）までが全く同一であり、ミッチェルらの欧州特許におけるサブクラスベスト10のうち、6つのサブクラス（C12N、C07K、C12Q、C12P、C07H、A61K）が、日本においてもベスト10にランクされた。こうした日欧におけるこのサブクラス別サイエンス・リンケージの多い分野の類似は、特許のサイエンス・リンケージはその技術が発明されたた場所にはかかわらず、技術自体が分類毎に持っているイノベーションのメカニズムの違いによるものであるためと考えられる。

5 まとめ

技術変化に科学の成果である論文等が与えている影響を網羅的に明らかとするためには、重点分野以外の特許も含め、互いに排他的な技術分類を用いて、いわば技術を一次元の数直線上に並べて分類し、そのサイエンス・リンケージを計測する必要がある。そのために、人手による引用文献抽出を「教師」とし、引用文献の抽出を自動化するためのプログラムを作成した。

その結果、かなり高い再現率および精度（ともに約98％）を持つプログラムを作成することに成功した。これにより、引用特許および論文等の自動抽出が可能であることが示されたとともに、細かく、かつ排他的な特許技術分類レベルで、網羅的にサイエンス・リンケージを調査することが可能となった。

1995年から1999年に特許公報に掲載された約88万件の特許を対象に、約600分類の技術分野毎にサイエンス・リンケージを調査した結果、日本において最もサイエンス・リンケージが多い分野は「C12N　微生物又は酵素」、次いで「C07K　ペプチド」であった。以下、サイエンス・リンケージの多い技術分野はセクションCの化学に属する分野が多かったが、なかにはセ

クションG「物理学」に属する「G03C　写真用感光材料、写真法（例：映画、エックス線写真法、多色写真法、立体写真法）、写真の補助処理法」が5位に、「G09C　秘密の必要性を含む暗号または他の目的のための暗号化または暗号解読装置」が11位に、「G06E　光学的計算装置」が18位に、「G10L　音声の分析または合成、音声認識」が19位にランクされるケースも見受けられた。

　これは、ミッチェルらによる欧州特許におけるサイエンス・リンケージの傾向とも一致する（Michel et al., 2001）。自動抽出されたサイエンス・リンケージの多い分野を国際特許分類別にランキングすると、トップ3は共通で、ベスト10の中に欧州ベスト10に入っている技術分野のうち6つがランクインした。日本特許庁と欧州特許庁という異なる特許庁に異なる時期に出願された特許の技術分類別のサイエンス・リンケージの調査結果がよく似通っていたという事実は、技術の科学とのリンケージの違いが技術分類毎の本質的なイノベーションのメカニズムの違いによることを示していると考えられる。

第6章
被引用論文の属性

1 はじめに

　特許のサイエンス・リンケージが技術分野によって大きく異なっているというこれまでの調査結果は、それ自体新たな発見であると言えるが、同時に、なぜ技術分野によってサイエンス・リンケージがかくも異なっているのか、という新たな問いを我々の前に投げかける。

2 調査方法

　この問いに対する答えを模索するために、1995-1999年に審査され、特許性有りとして特許公報に掲載された、バイオ、ナノテク、IT、環境の技術分類に属する特許300件ずつによって引用されている論文等を、東京大学においてsubscribeしている科学文献データベースScienceDirectや東京大学図書館の蔵書をもとに、可能な限り収集した。その数は4000件以上に及んだ。そして、収集した論文等の著者の、住所から推定した国籍、著者の所属機関の属性を調査した。さらに、引用されている論文等の謝辞から、当該論文等を助成している機関の属性および国籍を調査し、それらの関係について分析を行った（図17参照）。

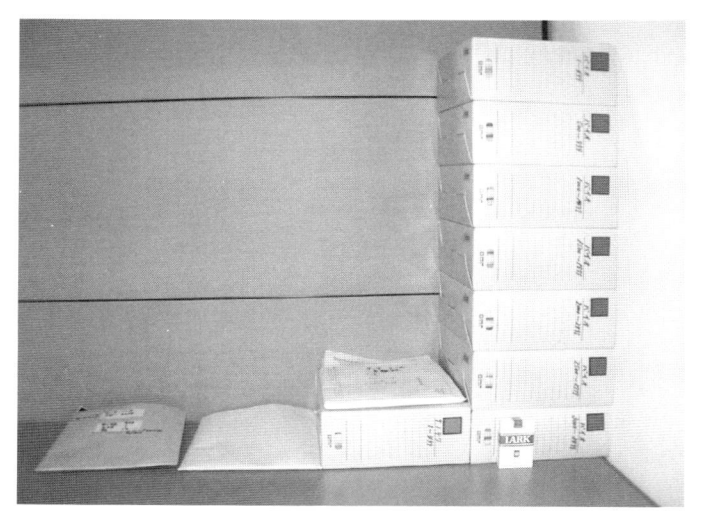

図17 収集された引用論文等（右からバイオ、ナノテク、IT、環境）

3 結果

(1) 論文等著者の国籍

　最もサイエンス・リンケージが多かったバイオ技術分野特許300サンプルにおいて、引用されている論文等の著者の所属機関の国籍が明らかとなった約2800本の分布を見ると、米国に住所がある機関に所属する著者のものが1697本で61％と過半数を占め、2位の日本のものは255本で9％にとどまっている。3位以下の順位は、イギリスが213本で8％、ドイツが102本で4％、フランスが97本で4％、オーストラリアが52本で2％……といった順である。これは、我が国に出願されたバイオ技術分野特許の6割が、米国において研究活動が行われた論文の知識を参考にして発明されたことを示している（図18参照）。

　同様に、ナノテク分野においては引用されている論文等約400本中、米国で研究されたものが、ほぼバイオテクノロジーと同じ比率の58％、次いで

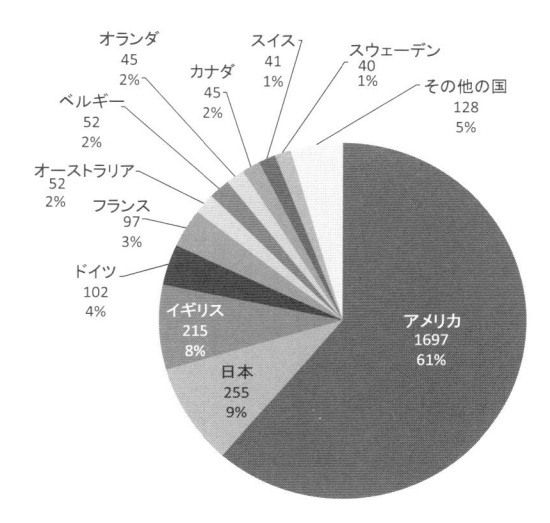

図18 バイオ技術分野の被引用論文等著者の国籍

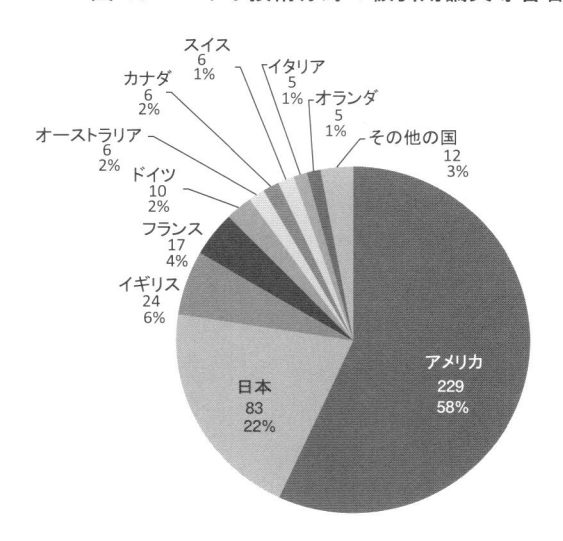

図19 ナノテク分野の被引用論文等著者の国籍

日本が22％、以下イギリス6％、フランス4％、ドイツ2％の順となる。バイオ技術分野に比べると、日本において研究された論文等が特許に引用されている比率が2倍以上に上昇しているのが注目される（図19参照）。

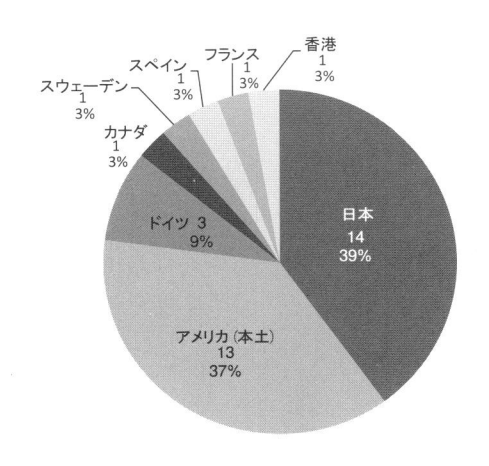

図20　ＩＴ分野の被引用論文等著者の国籍

IT分野は、300サンプルの特許に引用され、著者の国籍が判明した論文等の数自体が35件と、バイオ技術の80分の1、ナノテクと比較しても10分の1以下であった。論文等著者の所属機関の住所は、日本が14本、引用論文等全体の39％でトップ、米国が1本少ない13本で37％を占め、次いで、ドイツが3本で9％であった。IT分野では、少ないながらも日本で研究された論文等の引用がトップとなり、日本の科学の成果もIT分野の技術変化に一定の影響を与えていると考えられる（図20参照）。

環境技術分野も、IT分野と同様に、引用された論文等の著者の国籍が判明したものが43件と少ない。その内訳を見ると、日本が16本で引用論文全体の38％を占め1位、次いで米国が11本（26％）で2位、以下3位イギリス4本（9％）、4位ドイツ3本（7％）……と続く。環境技術分野においては、日本で研究された論文等が、特許に一番大きな影響を与えていることがわかる（図21参照）。

(2) 特許権者の国籍と被引用論文等著者所属研究機関の国籍のクロス分析

ここで想起されるのは、バイオ技術分野に出願された特許のうち、28％が米国からの出願であり、それを含めて50％の出願が日本以外の国からの出

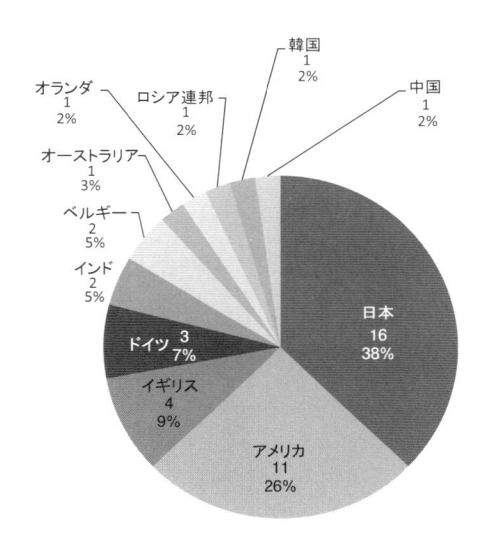

図 21　環境技術分野の被引用論文等著者の国籍

願であったという事実である。この比率は、他の技術分野の外国人（法人）出願比率（ナノテク 28％、IT13％、環境技術 12％）と比較しても高く、「バイオ技術分野において米国の論文等の引用が多いのは、バイオ技術分野は米国からの出願比率が他の分野と比較して高く、かつ、米国からの出願には米国の論文等が多く引用されているためではないか」という議論があり得よう。

そこで、特許と被引用論文等を、リレーショナルデータベースソフトで連結し、技術分野毎に、特許がどの国から出願されているかと、論文等著者の所属機関の住所から推定した論文が研究された国とを調査し、特許権者の国籍と論文研究機関所在国とのクロス分析を行った。具体的には、各技術分野 300 サンプルを、出願人の住所に基づき、日本人（法人）による出願、米国人による出願、それ以外（ほとんどが欧州）、の 3 つのグループに区分し、それぞれのグループから出願された特許に引用されている論文等の著者の所属機関の所在国を調べ、クロス集計した（表 13 および図 22 参照）。

その結果、バイオ技術分野においては、日本人（法人）が出願人である特許 150 件に引用されている論文等のうち著者の所属する機関の所在する国が

判った735本の論文等の研究機関の所在国は、米国が393本（53%）で一番多く、次いで日本の173本（25%）、欧州等の169本（23%）の順であった。日本に住所がある出願人からの出願にもかかわらず、引用されている論文等が研究された国は米国が過半数を占めている点が注目される。

米国から出願されたバイオ技術分野特許83件については、引用された論文等のうち著者所属機関の国が判った1140本のうち、米国の論文等の引

表13 バイオ技術分野特許出願人国籍と被引用論文等著者所属機関所在国とのクロス分析

		特許数	被引用論文等著者所属機関所在国			
			日本	米国	欧州等	合計
特許権者国籍	日本	150	173	393	169	735
	米国	83	39	817	284	1140
	欧州等	67	43	488	360	891

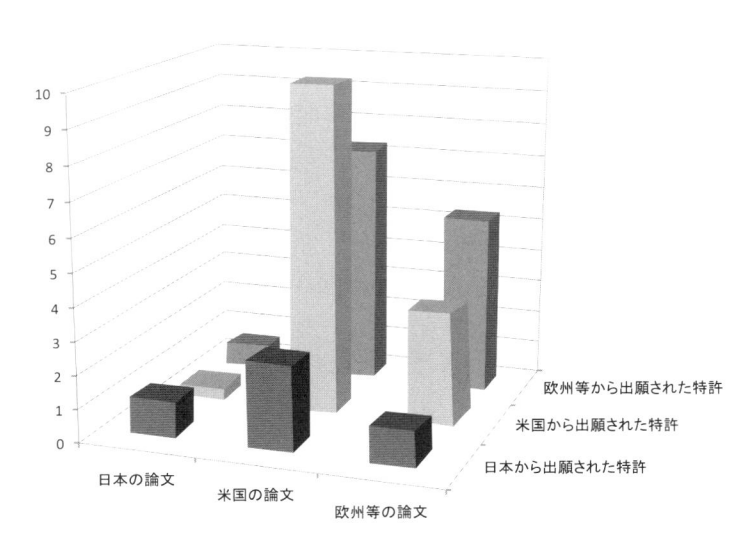

図22 バイオ技術分野特許1件当たりサイエンス・リンケージ
（出願人国籍別・被引用論文等著者所属機関所在国別）

用が一番多く817本で約72％を占めた。次いで欧州等の論文等が284本で25％を占め、日本の論文等の引用は39本で研究機関の国が判った引用の3％であった。米国から出願された特許に米国の論文等が最も引用されているのは理解できるが、日本の論文等の引用（3％）が欧州等の論文等の引用（25％）と比較しても目立って少ない点が注目される。

　欧州等から出願された43件のバイオ技術分野特許は、891本の研究機関が判った論文等を引用しており、これも米国の論文等が一番多く488本で研究機関の所在国が判った引用全体の55％を占め、次は自らのエリアである欧州等からの引用で360本、比率にして40％、最後が日本の論文等で43本、比率にして5％であった。

　図22からも明らかなように、バイオ技術分野特許で特徴的なのは、出願人の住所の国がどこであれ、米国の論文等の引用比率が一番高い、という事実である。人の移動や言語の壁等、知識の伝搬にも一定のトランザクションコストがかかるとすると、距離的に近接した、あるいは、言語が共通な地域の論文等をより多く引用する傾向があると類推されるし、実際にそういった先行研究も存在する（Narin et al., 1997）。にもかかわらず、バイオ技術分野においては、米国の論文等の引用がどの国から出願された特許においても最も多いという結果は、ナリンの言うstrong national componentを凌駕するほど、米国がバイオ技術分野においては活発に知識を発信しており、各国の特許に対して影響を与えている、ということが言えるのではないだろうか。

　ナノテクノロジー分野においては、特許権者の住所が日本である特許214サンプルに引用されている148本の論文等の著者が所属する研究機関の所在国は、米国が64本で43％、日本は62本で42％を占め、日本で研究された論文等の引用と米国で研究がなされた論文等の引用がほぼ等しかった。欧州等の論文等の引用は22本で15％である（表14参照）。

　米国から出願された53件のナノテクノロジー分野特許に引用された184本の論文等においては、米国の論文等の引用が135本で一番多く、引用全体の73％を占めた。次いで欧州等の論文等の引用が35本で19％を占め、日本のものは14本で8％であった。

　欧州等から出願された33件の特許は70件の論文等を引用しており、欧

表 14　ナノテクノロジー分野特許出願人国籍と被引用論文等著者所属機関所在国とのクロス分析

		特許数	被引用論文等著者所属機関所在国			
			日本	米国	欧州等	合計
特許権者国籍	日本	214	62	64	22	148
	米国	53	14	135	35	184
	欧州等	33	7	29	34	70

州等自身のものが一番多く34本で49％を占め、次いで米国の論文等が29本で41％を占め、最後が日本のもの7本で論文等引用全体に占める比率は10％であった。

　ナノテク分野においても、日本から出願された特許に引用されている論文等の43％が米国に所在する研究機関で研究が行われたものであるなど、米国の科学の影響が見られる。しかし、バイオ技術分野ほどその影響は強くなく、日本で研究された論文等の引用も42％を占めて米国論文等の引用と拮抗している。欧州等から出願された特許においては欧州等において研究された論文等の引用が引用全体の49％を占め、次いで米国の論文等の引用が41％を占めるなど、自国・地域の論文等の引用と、米国の論文等の引用が拮抗しているように見受けられる。つまり、ナノテク分野においては、自らが属する地域の論文等と、米国の論文等が、同じぐらいの強さで各地域の特許に影響を与えていると考えられる（図23参照）。

　IT分野に日本から出願された特許257件に引用されていた26本の論文等のうち、42％に相当する11本が日本において研究されたと推定された。次いで、35％に相当する9本が米国で、23％に相当する6本が欧州等で研究が行われたと推定された（表15参照）。

　IT分野の米国から出願された特許22件に引用されていた8本の論文等のうち、37.5％に相当する3本が日本で研究が行われたと推定された。同じく、37.5％に相当する3本が米国で、25％に相当する2本が欧州等で研究が行われたと推定された。米国特許に、自国の論文等と同数日本の論文等が引用されているのが注目される。

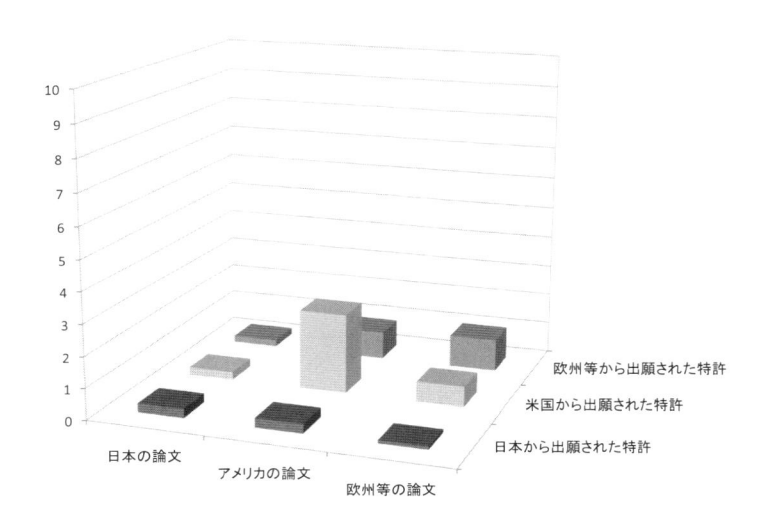

図23 ナノテクノロジー分野特許1件当たりサイエンス・リンケージ
（出願人国籍別・被引用論文等著者所属機関所在国別）

表15 IT分野特許出願人国籍と被引用論文等著者所属機関所在国とのクロス分析

		特許数	被引用論文等著者所属機関所在国			
			日本	米国	欧州等	合計
特許権者国籍	日本	257	11	9	6	26
	米国	22	3	3	2	8
	欧州等	9	0	1	0	1

　IT分野に欧州等から出願された特許は9件で、1本の論文等を引用していた。その著者の所属機関は米国に所在していた。

　IT分野は国籍が判明した論文等が35本と論文等のサンプル数が少ないうえ、出願特許の9割近くが日本からのものであるため、米国や欧州等から出願された特許のサンプルも限られている。そのため、バイオ技術分野やナノテクノロジー分野特許と同列の議論は困難であるが、あえて傾向を言うなら、

ITはそれぞれの国や地域の特許が自国エリアからの論文等を引用する傾向（strong national component）に加えて、米国特許に日本の論文等が米国の論文等と対等に引用（とは言っても3本ずつであるが）されていることが挙げられる。これは、IT分野での日本の科学の水準が、米国において一定の評価を受けていることを示唆すると思われる。

環境分野に日本から出願された特許264件に引用されていた19本の論文等のうち、53％に相当する10本の著者の所属機関が日本にあり、日本において研究されたと推定された。次いで、26％に相当する5本が欧州等で、21％に相当する4本が米国で研究が行われたと推定された（表16参照）。

表16　環境分野特許出願人国籍と被引用論文等著者所属機関所在国とのクロス分析

		特許数	被引用論文等著者所属機関所在国			
			日本	米国	欧州等	合計
特許権者国籍	日本	264	10	4	5	19
	米国	14	1	7	5	13
	欧州等	22	4	0	6	10

環境分野に米国から出願された特許14件に引用されていた13本の論文等のうち、54％に相当する7本が米国で研究が行われたと推定された。次いで、38％に相当する5本が欧州等で、8％に相当する1本が日本で研究が行われたと推定された。

環境分野に欧州等から出願された特許は22件で、引用されていた10本の論文等のうち、60％に相当する6本が欧州等で研究が行われたと推定された。次いで、40％に相当する4本が日本で研究が行われたと推定された。

環境分野も国籍が判明した論文等が42本と論文等のサンプル数が少ないうえ、出願特許の9割近くが日本からのものであるため、米国や欧州等から出願された特許のサンプルも限られている。そのため、バイオ技術分野やナノテクノロジー分野特許と同列の議論は困難であるが、あえて傾向を言うなら、環境技術分野はそれぞれの国や地域の特許が自国エリアからの論文等を

引用する傾向（national component）が強い。加えて、欧州特許に日本の論文等が自国の論文等に次いで引用されていることが注目される。これは、環境技術分野での日本の科学の水準が、欧州で一定の評価を受けていることを示唆すると思われる。

こうした調査から、「バイオ技術分野において米国の論文等の引用が多いのは、単に、米国からの出願に米国における論文等が多数引用されており、バイオ分野は米国からの出願が多いために多くの米国論文が引用されているだけではないか」という問いに対しては、以下のように答えることが可能である。バイオ分野においては、特許権者の住所が日本であるか米国であるか欧州等であるかにかかわらず、米国の論文等が引用されている比率が高かった。距離の壁や言語の壁を考えると、自国の特許には自国の論文等の引用が多くなるはずだが、バイオ技術分野特許の場合には、こうした壁を越えて米国の科学論文等が引用されていたことになる。これはすなわち、距離や国境や言語の壁を越えるほど、米国がバイオ技術分野において活発に高い水準の科学論文等を発信しており、自国の特許だけでなく、日本や欧州等の特許に対しても強い影響を与えているためであると考えられる。

ナノテクノロジー分野においても、日本から出願された特許に引用されている論文等の43％が米国に所在する研究機関で研究が行われたものであるなど、ある程度米国の科学の影響が見られる。しかし、バイオ技術分野ほどその影響は強くなく、欧州等から出願された特許においては欧州等において研究された論文等の引用が一番多く引用全体の49％を占め、次いで米国の論文等の引用が41％を占めるなど、自国・地域の論文等の引用と、米国の論文等の引用が拮抗しているように見受けられる。つまり、ナノテク分野においては、自らが属する地域の論文等と、米国の論文等が、同じぐらいの強さで各地域の特許に影響を与えていると考えられる。

IT分野においては、それぞれの国や地域の特許が自国エリアからの論文等を引用する傾向が強く見られた。加えて、米国特許に日本の論文等が米国の論文等と同数引用されていることが注目された。これは、IT分野で日本の科学が、一定の評価を受けていることを示唆すると考えられる。

環境技術分野も、それぞれの国や地域の特許が自国エリアからの論文等を引

用する傾向が強かった。加えて、欧州特許に日本の論文等が自国の論文等に次いで引用されていることが注目された。これは、環境技術分野での日本の科学の水準が、欧州で一定の評価を受けていることを示唆すると考えられる。

(3) 論文等著者の所属機関の属性

特許に引用されている論文等の著者は、どのような機関に所属しているのであろうか。バイオ技術分野、ナノテクノロジー分野、IT分野、環境分野のそれぞれの特許について、引用されている論文等を可能な限り入手し、著

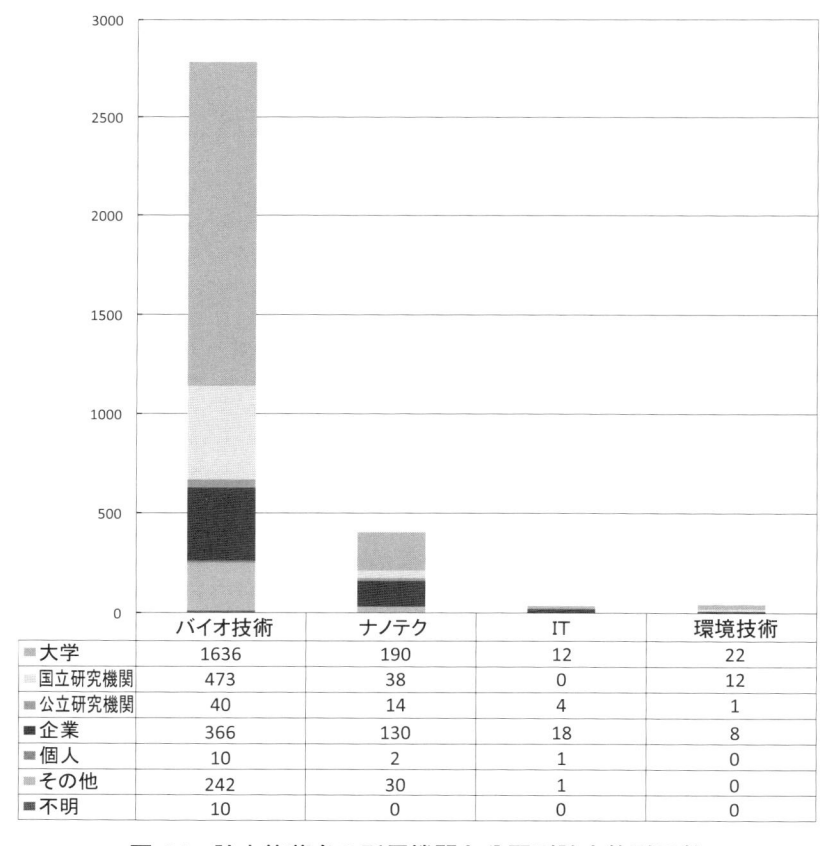

	バイオ技術	ナノテク	IT	環境技術
大学	1636	190	12	22
国立研究機関	473	38	0	12
公立研究機関	40	14	4	1
企業	366	130	18	8
個人	10	2	1	0
その他	242	30	1	0
不明	10	0	0	0

図24 論文等著者の所属機関と分野別論文等引用数

第6章　被引用論文の属性　87

者の所属機関を調べ、大学、国立研究機関、公立研究機関、企業、個人、その他に分類した。以下の議論では、入手することができ、著者の所属機関が判明した論文に限って議論を進める。

図24は、重点4技術分野特許における被引用論文等の著者の所属機関別の属性である。これを見ても、バイオ分野の論文等の引用（サイエンス・リンケージ）が際立って多いことがわかる。

図25は、バイオ技術分野における被引用論文等2777本の著者の所属機関の属性である。大学が約59％と多く、次いで国公立研究機関が約17％で、公立研究機関は2％であった。これらを合計すると約78％となる。企業に所属する著者は13％であった。すなわち、バイオ技術分野特許に引用されている論文等の著者の約8割は大学や国立研究機関、公立研究機関に所属している研究者であることが明らかとなった。

図26はナノテクノロジー分野特許に引用されている論文等404本の著者の所属機関の属性である。大学が47％、国立研究機関が9％、公立研究機関が4％である。ここまでを合計すると60％となり、バイオ技術分野の約80％よりは少ない比率である。企業の著者の占める比率は32％であり、バイオ技術分野の13％と比較すると高い比率である。

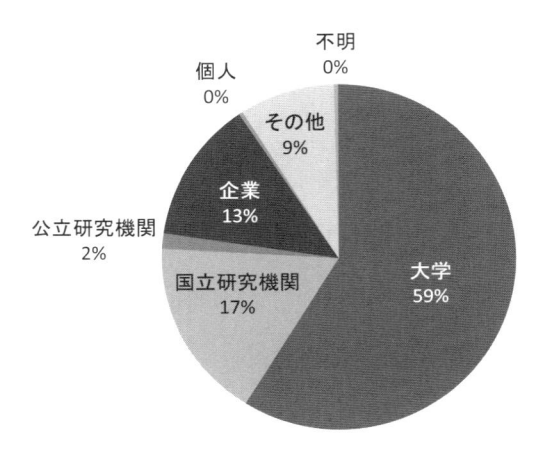

図25　バイオ分技術野論文等著者の所属

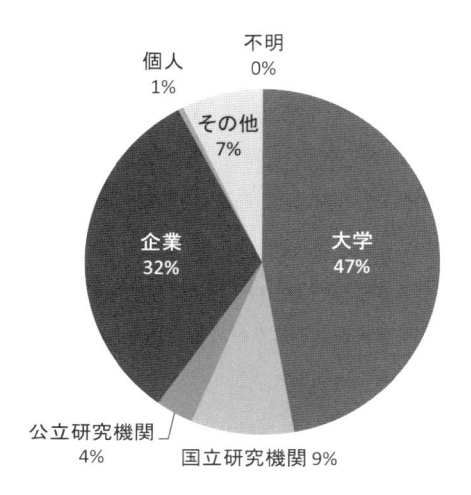

図26 ナノテク分野論文等著者の所属

（大学47%、企業32%、その他7%、個人1%、不明0%、公立研究機関4%、国立研究機関9%）

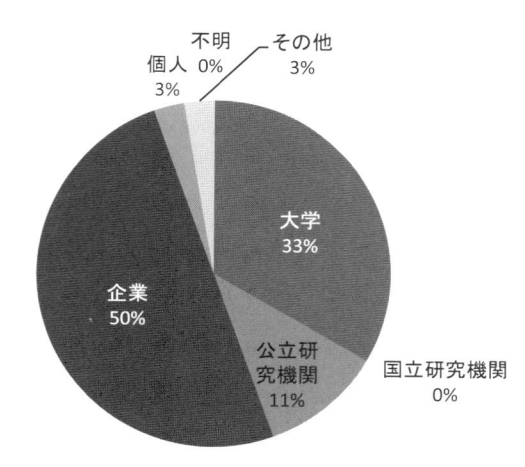

図27 IT分野論文等著者の所属

（大学33%、企業50%、公立研究機関11%、国立研究機関0%、個人3%、不明0%、その他3%）

　これは、バイオ技術分野においては大学や公的研究機関の産み出す科学的知識によって特許となる技術が産み出されているのに対し、ナノテクノロジー分野では企業が産み出す科学的知識や先行特許も、大学や公的研究機関が産み出す科学的知識と並んで重要な知識の源泉となって、特許となる技術が産み出されていることを示唆するものと考えられる。

第 6 章　被引用論文の属性　89

不明　個人　その他
0%　0%　0%

企業
19%

公立研究機関
2%

国立研究機関
28%

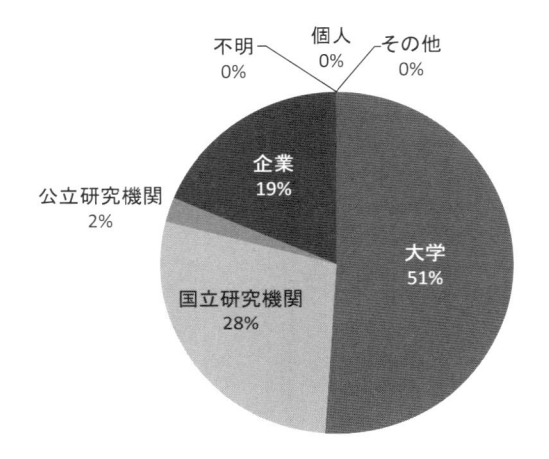

大学
51%

図 28　環境技術分野論文等著者の所属

　図 27 は IT 分野特許に引用されている論文等 36 本の著者の所属機関の属性である。大学が 33％、公立研究機関が 11％、国立研究機関に所属する著者はいなかった。ここまでを合計すると 44％で、バイオ技術分野の 78％、ナノテク分野の 60％よりもさらに公的部門の比率が低くなる。企業に所属する著者の論文は 50％で、これはバイオ技術分野の 13％やナノテク分野の 32％よりさらに高い比率である。

　IT 分野においては、そもそも特許に引用されている論文等の数（36 本）がバイオ技術分野（2777 本）やナノテク分野（404 本）と比べると少ない。多くの場合、イノベーションは先行する特許を基に産み出されていると考えられる。ただし、少数ながら科学論文や学会発表などを基に特許となるイノベーションが起きている場合もあり、そうした知識の源泉としては、大学や公的研究機関（44％）と並んで企業（50％）も重要な役割を果たしていることが明らかとなった。

　図 28 は環境技術分野特許に引用されている論文等 43 本の著者の所属機関の属性である。大学が過半数を占め 51％、国立研究機関が 28％、公立研究機関が 2％であり、ここまでを合計すると 81％となる。公的部門の比率で見ると、バイオ分野（78％）、ナノテク分野（60％）、IT 分野（44％）のいず

れの技術分野よりも高い比率となっている。企業に所属する論文等著者は19%であった。

環境技術分野において、特許に引用されている論文等の著者の所属機関に大学や公的研究機関が多いのは、環境技術分野においてはその技術の特性上、公的研究機関の果たす役割が大きいからではないかと推測される。

(4) 論文等の助成機関の調査

これまでの研究で明らかとなったようにバイオ技術分野において米国論文等が特に多く見られるのは、いかなる理由によるものであろうか。この問いに対する答えを模索するため、各分野の論文の謝辞を調べ、"this research is supported by" というように、直接的に助成を受けた記述を抜き出した。その結果を表17から表20までに示す。

表17 バイオ技術分野引用論文等の助成機関の調査

総計	4,281
助成を受けた旨の記述無し	1,002
NIH（米国）	547
NSF（米国）	222
NCI（National Cancer Institute）（米国）	200
USPHS（U.S. Public Health Service）（米国）	168
American Cancer Society（米国）	157
(旧) 文部省（日本）	93
National Institute of General Medical Sciences（米国）	89
不明	89

表17は、バイオ技術分野特許に引用されている論文等の助成機関を多い順に並べたものである。収集した4281本の論文等のうち、3279本に助成を受けた旨の記述があった。比率にして76.6%である。助成機関は米国にある機関が上位を占めた。第一位は米国のNIH（National Institute of Health）で、

547本の論文にNIHから助成を受けた旨の記述があった。バイオ技術分野特許に引用されている論文等で助成を受けた旨の記述があった3279本のうち、実に16.7％の論文等がNIHから助成を受けていることになる。第二位になった助成機関も米国の機関であるNSF（National Science Foundation）であった。NSFに助成を受けた旨の記述は222本の論文等に見出され、助成を受けていた論文に占める比率は6.8％である。第三位の助成機関も米国のNCI（National Cancer Institute）で200本の論文がNCIから助成を受けていた。率にして助成を受けていた論文等の6.1％である。以下、第四位の助成機関も米国のUSPHS（U.S. Public Health Service）で168本、率にして5.1％の論文等を助成しており、第五位も米国のAmerican Cancer Societyで157本、率にして4.8％の論文等を助成していた。やっと第六位に日本の（旧）文部省が入り、93本、率にして2.8％の論文等に文部省から助成を受けた旨の記述があった。第七位はまたも米国の助成機関であるNational Institute of General Medical Sciencesが入り、89本、率にして2.7％の論文等に助成を受けた旨の記述があった。助成を受けた旨の記述があるものの、助成機関が不明なものも89本あった。ここまで明らかになっただけでも、助成を受けた旨の記述があった論文等のほとんどが米国の機関からの助成を受けていることがわかる。

表18　ナノテク分野引用論文等の助成機関

総計	360
助成を受けた旨の記述無し	192
不明	26
NIH（米国）	14
NSF（米国）	12
AFOSR（Air Force Office of Scientific Research）（米国）	6
Litton Systems Inc.（米国）	6
USPHS（U.S. Public Health Service）（米国）	6
CNRS(Centre National de le Recherche Ccientifique)（フランス）	5
（旧）文部省（日本）	5

表18は、ナノテクノロジー分野特許に引用されている論文等の助成機関を多い順に並べたものである。収集した360本の論文等のうち、168本に助成を受けた旨の記述があった。比率にして46.7％である。助成機関はバイオ技術分野同様米国にある機関が上位を占めた。第一位は米国のNIH（National Institute of Health）で、14本の論文にNIHから助成を受けた旨の記述があった。ナノテク分野特許に引用されている論文等で助成を受けた旨の記述があった168本のうち、8.3％の論文等がNIHから助成を受けていることになる。第二位になった助成機関も米国の機関であるNSF（National Science Foundation）であった。助成機関の第一位と第二位はバイオ技術分野と同一である。NSFに助成を受けた旨の記述は12本の論文等に見出され、助成を受けていた論文に占める比率は7.1％である。第三位の助成機関は米国のAFOSR（Air Force Office of Scientific Research）で6本の論文が助成を受けていた。率にして助成を受けていた論文等の3.6％である。米空軍の研究機関がナノテク分野の研究に助成金を出していることは、ナノテクノロジーと軍事技術との関連を示唆しており興味深い。同率三位の助成機関は米国の民間企業Litton Systems Inc.でやはり6本の論文等を助成していた。Litton Systems Inc.は軍需企業であり、やはりナノテク分野の軍事技術との関連を示すものとして興味深い。やはり同率三位に米国のUSPHS（U.S. Public Health Service）が入った。次いで、同率六位にフランスのCNRS（Centre National de le Recherche Ccientifique）と日本の（旧）文部省が入り、ともに5本、率にして3.0％の論文等に助成を受けた旨の記述があった。助成を受けた旨の記述があるものの、助成機関が不明なものも26本あった。ここまで明らかになっただけでも、バイオ技術分野同様、助成を受けた旨の記述があった論文等の大半が米国の機関からの助成を受けていることがわかる。

　表19は、IT分野特許に引用されている論文等の助成機関を多い順に並べたものである。収集した33本の論文等のうち、13本に助成を受けた旨の記述があった。比率にして約39％である。助成機関はバイオ技術分野やナノテクノロジー分野ほど米国一極集中ではなかった。三つの機関が2本ずつの論文等を助成しており同率一位となった。一つはドイツのGerman Bundespost（German Post Office）、もう一つは米国の民間企業IBMで、もう

表19 IT分野引用論文等の助成機関

総計	33
助成を受けた旨の記述無し	20
不明	4
German Bundespost (German Post Office)（ドイツ）	2
IBM（米国）	2
NSF（米国）	2
Federal Department of Research and Technology（ドイツ）	1
Ministry of Education of Spain（スペイン）	1
ONR (The Office of Naval Research)（米国）	1

表20 環境分野引用論文等の助成機関

総計	22
助成を受けた旨の記述無し	12
NEDO（日本）	2
AFOSR (Air Force Office of Scientific Research)（米国）	1
Consejo Nacional de Investigaciones Cientificas Tecnicas, Rrepublic of Argentina（アルゼンチン）	1
D.S.I.R（英国）	1
Naval Sea Systems Command（米国）	1
NSF（米国）	1
U.S.Atomic Energy Commission（米国）	1
U.S.Naval Ordnance Laboratory（米国）	1
不明	1

一つは米国のNSF（National Science Foundation）であった。同率四位に三つの助成機関が入った。一つはドイツのFederal Department of Research and Technology、もう一つはスペインのMinistry of Education of Spainで、最後の一つは米海軍ONR（The Office of Naval Research）であった。それぞれが1本

の論文等を助成していた。助成機関が明らかになった9本の論文等のうち、米国の助成機関から助成を受けていたものが5本、その他の国の助成機関から助成を受けていたものが4本という結果になった。

表20は、環境分野特許に引用されている論文等の助成機関を多い順に並べたものである。収集した22本の論文等のうち、10本に助成を受けた旨の記述があった。比率にして約45％である。IT分野同様、助成機関はバイオ技術分野やナノテクノロジー分野ほど米国一極集中ではなかった。第一位は日本のNEDOで、2本の論文等を助成していた。以下、同率二位に、米国のAFOSR（Air Force Office of Scientific Research）、アルゼンチンのConsejo Nacional de Investigaciones Cientificas Tecnicas、英国のD.S.I.R、米国のNaval Sea Systems Command、米国のNSF（National Science Foundation）、米国のU.S.Atomic Energy Commission、同じく米国のU.S.Naval Ordnance Laboratoryが入った。それぞれが1本の論文等を助成していた。助成機関が明らかになった9本の論文等のうち、米国の助成機関から助成を受けていたものが5本、その他の国の助成機関から助成を受けていたものが4本という結果になった。

4　まとめ

これらの結果をまとめると、サイエンス・リンケージが際立って多いバイオテクノロジー分野では、①どこから出願された特許においても引用されている論文等の著者が所属する研究機関の多くは米国に所在すること、②その機関は大学や公的機関が占める割合が高いこと、さらに、③論文の謝辞に記載されている助成機関のほとんどは米国にあること、の3点である。この結果から考えられるのは以下のようなイノベーションのメカニズムである。①NIHだけで3兆円とも言われる豊富な基礎研究資金が米国のバイオテクノロジー分野の大学や公的研究機関に流れ込み、活発に研究が行われて論文が産み出される。②その研究成果が産学連携や大学発ベンチャーなどを通じて米国のバイオ産業の競争力を強化する。③同時に、産み出された知識が論文や学会発表などの形で日本や欧州にもスピルオーバーしている。

第7章

頭脳集積の必要性
発明者間の距離と論文伝達距離との比較研究

1 はじめに

　ある課題を解決するための技術が複数人の協力によって発明されるプロセスにおいては、発明者の間で密接なコミュニケーションが必要であると考えられる。近年の情報通信技術の進歩により遠隔地間のコミュニケーションは容易になった。それでは、発明のような密度の高いコミュニケーションが求められると考えられる行為は、どのくらい遠隔地に住む発明者間で行われているのであろうか。本研究においては、バイオ技術分野特許を対象とし、その7割を占める共同発明の発明者の住所から発明者間の距離を推計し、論文の伝達距離との比較を行った。その結果、共同発明者間距離の中央値は31.7kmであり、論文伝達距離の中央値4300kmよりはるかに短かった。この事実は、グローバル化が進んだ現在においても、特定の国や地域の近距離に頭脳が集積していることがその国や地域の産業競争力強化のために重要であることを示唆するものであり、今後の科学技術政策や地域クラスター政策の立案に際しての基礎資料を提供するものと考えられる。

2 本章の目的

　近年、技術革新に果たす科学研究の役割が増大している。特にバイオ分野ではスタンフォード大学のコーエンとカリフォルニア大学のボイヤーの共同

研究による遺伝子操作の研究がバイオテクノロジーの端緒となり、医薬産業、化学産業、食品産業などに幅広いインパクトを与えた(一橋大学イノベーション研究センター、2001)。こうした科学との関係の増大や、一つの製品に使われる知識の範囲の増大によって、一つの企業でイノベーションを完結させることが困難となりつつあり、関連産業や大学等との連携の必要性が増大している。

　ある問題を解決する技術を考案する際、その問題が一人で解決できない場合には、発明者は他の異なった発想や知的バックグラウンドを持つ研究者や技術者と密接に対話し、そこから得られた新しい発想を基に実験方法の改良や試作を繰り返すことによって課題の解決方法を発明する。こうしたイノベーションが実現されるプロセスでは関係者の間でダイアローグ（対話）が行われ、頻繁な知識のやりとりが行われる。ここでやりとりされる知識は、論文などのコード化された知識ではなく人に体化されているためその交換には人の接触が必要となると考えられている（一橋大学イノベーション研究センター、2001）。

　情報通信技術や航空輸送技術の飛躍的発展により世界はフラット化しているといわれる（フリードマン、2006）。それでは、発明のようなイノベーション活動もまた、国境をまたいだ人々の間で共同して行われているのであろうか。本研究においては、発明者間の距離を計測することによって、「イノベーション活動が距離の離れた人々の共同で行われている」という仮説を検証することを目的とする。さらに、出版された形式知である論文や学会発表が特許に引用されている場合に、当該論文等の著者の所属機関とその論文等を引用している特許の発明者との間の距離、すなわち形式知の伝達距離を計測し、発明者間の距離との比較を行う。

3 調査方法

(1) バイオ技術分野特許のサンプリング

　著者らは特許公報 CD-ROM を基に独自の日本特許のデータベースを構築した（玉田ほか、2004）。そのデータベースに収録されている特許の中から、1995 年から 1999 年の 5 年間に審査され、特許公報に掲載された特許約 88 万件を母集団とした。そこから、国際特許分類（IPC）とキーワードを組み合わせたフィルタプログラムでバイオ（ヒトゲノム）技術分野に属する特許を選別した（表 21 参照）。選別された特許は 7555 件であった。

表 21　バイオ（ヒトゲノム）技術分野特許抽出に用いたフィルタ

フィルタ	①の技術分類に属し、かつ②のキーワードを含む特許の件数
①国際特許分類（IPC） C12N15 ＋ C12N/1 ＋ C12N/5 ＋ C12N/7 ＋ A61K/48	7,555
②明細書中のキーワード ベクタ遺伝子＋癌遺伝子＋遺伝子配列＋ウイルス遺伝子＋バクテリア遺伝子＋細菌遺伝子＋遺伝子障害＋遺伝子治療＋レトロウイルス＋細胞成長＋細胞増殖＋リンホカイン＋シトキン＋サイトカイン	

　続いて、選別されたバイオ技術分野特許からランダムサンプリングによってバイオ技術分野特許の標本を 300 件抽出した。

(2) 発明者間距離の定義および計測法

① 発明者住所の緯度および経度への変換

　特許公報には発明者一人一人の住所が記載されている。発明者は発明者間でコミュニケーションを行い、技術的課題を解決する。本研究では、特許公

報から発明者の住所を抽出し、発明者の住所から緯度・経度を調べ、それらを基に以下の方法により発明者間の距離を計算した[4]。

② 発明者間の距離指標の定義および算出

　発明者が2人の場合、両者の距離は両者の位置を結んだ弧の長さとなるが、発明者が3人以上の場合、発明者が一直線上に位置するとは限らない。そこで、本研究では3人以上の複数発明者間の距離を求める際、発明者の住所を頂点とした多角形を想定し、その多角形の重心位置から各発明者までの平均距離の2倍を各特許の発明者間距離と定義した。このように発明者間距離を定義した理由は、発明者が2人である場合にはその2人の住所を結んだ距離と等しくなるためである。

　発明者の住所からなる多角形の重心を求める際には、計算の便宜のため緯度と経度の重心をそれぞれ独立に計算した。緯度は、赤道を中心に±90度で表現し、各点の平均を求めている。経度の場合には、東回りか西回りの近いほうの角度の中心点を採用している。

③ 発明者間の重心の計算

　発明者が3名以上の場合、筆頭発明者から順に重心位置を計算している。

4　発明者の住所から緯度・経度を検索する際には、以下のページを利用した。
アメリカ
http://terraserver.microsoft.com/default.aspx
ヨーロッパ・オーストラリア
http://www.multimap.com/
日本
http://www.geocoding.jp/
特許公報は日本語表記となっているため、海外の住所の調査には困難が伴った。上記ウェブサイトでは住所を当該国の言語で表記する必要があるが、特許公報中では外国の住所はカタカナで表記されており、しかも原語の正確な発音とは異なった表記がされていることも少なくなかった。
　カタカナ表記で地名が正しく表記されている場合でも、カタカナで記載された詳細な街区に対応する地名の原語での綴りは辞書にも記載されていないため、調査には多大の時間を必要とした。
　なお、韓国の地名では［URL:http://www.korea-go.to/name/cityindex.html］というようなカタカナ表記の変換案内を見つけることにより目的を達成した。

すなわち、第1発明者と第2発明者の中心点を出発点とし、発明者の人数によって重みを付けて平均し、それ以降の発明者との重心点を求めた。発明者の人数に応じこの計算を続け、発明者多角形の重心を求めた。

④ 各発明者から発明者重心までの距離の算出

重心が決まれば、距離は機械的に求めることができる。これは球面三角関数を用いるもので、次の式に従う。

$$\cos\theta = \cos 緯度1 \cdot \cos 緯度2 \cdot \cos(経度1 - 経度2) + \sin 緯度1 \cdot \sin 緯度2$$

この θ は、球上の2点間（緯度1, 経度1）と（緯度2, 経度2）の角度を表す。また、地球を緯度線で切り取った図形は、赤道点を結び線分が長軸となるような楕円であり、データとして得られる緯度は地理緯度 ϕ_g である。その扁平率 f から地心緯度 ϕ に補正する方法は、

$$\phi = \phi_g - f\sin 2\phi_g$$

で行っている。最後に、

$$L = r\theta$$

として地表における距離 L としている。ここで、r は地球の平均半径で6369km を使用した。

(3) 論文伝達距離の計測

① 特許に引用されている論文の抽出

バイオ技術分野 300 件の特許サンプルそれぞれから、その本文中に引用されている論文および学会発表（以下単に「論文等」という）を探し出してリストにまとめ、その写しを可能な限り収集した（玉田ほか、2004）。具体的には、東京大学で購読している科学文献データベース ScienceDirect や東京大学図書館の蔵書をもとに入手した論文数は 3442 本である。

②論文知識創出位置の同定

特許に引用されている論文著者の所属機関の正確な名称を検索し、その住所から、論文の基となった研究が行われた場所を求めた[5]。さらに、発明者の住所からと同様の手法で、論文研究機関の住所から緯度・経度を求めた。

③論文伝達距離の算出

こうして求めた論文研究機関の位置、すなわち論文の知識が創出された位置と、その論文を引用している特許の発明者多角形の重心までの距離を求めた。距離の計算は各発明者から発明者重心までの距離の算出同様、球面三角関数を用いる方法によって算出した。この「論文知識創出位置から発明者重心までの距離」を論文という形式知が発明者まで伝達した距離として採用した。

④発明者間距離と論文伝達距離との比較

最後に上記で求めた発明者間距離と論文伝達距離との比較を行った。これにより、発明という頻繁な双方向のコミュニケーションが行われた距離と、論文という形式知の、一方向の一回限りの伝達距離との比較を行った。

4　結果

(1) バイオ特許サンプルの属性

バイオ特許サンプル300件のうち、論文を1本以上引用していた特許は235件であった。これら235件の特許の発明者数は、単独の発明者によるものが74件で全体の約31％、発明者数が2名の特許が58件で全体の約25％を占めた。以下、発明者数3名の特許が32件（約14％）、発明者数4名の

5　その住所は下記の検索サイトから検索している。
www.google.com
www.yahoo.com

特許が26件（約11％）、発明者数5名の特許が22件（約9.3％）、発明者数6名の特許が11件（約4.7％）、発明者数7名の特許が5件（約2％）、発明者数9名の特許が4件（約2％）、発明者数10名の特許が2件（約1％）、発明者数12名の特許が1件（約0.4％）であった（図29参照）。つまり、バイオ技術分野の発明の約7割が複数の発明者の共同作業によって創出されていた。

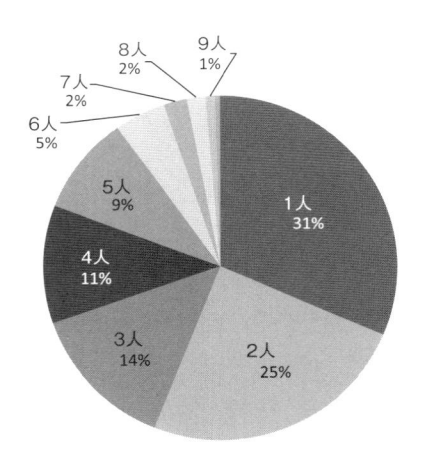

図29　論文を1本以上引用しているバイオ分野特許235件の発明者数およびその構成比

次に、発明者の住所所在国について調査した結果を述べる。論文を1本以上引用していたバイオ分野特許のうち、42.5％に当たる102件の特許の筆頭発明者の住所が日本国内であった。次いで、34.2％に当たる82件の筆頭発明者がアメリカに住所があった。以下、18.3％に当たる44件が欧州、1.7％に当たる4件がオーストラリア、同じく1.7％に当たる4件が韓国、0.8％に当たる2件がカナダ、同じく0.8％に当たる2件がイスラエルに住所がある発明者であった。このことから、本研究は日本特許データを用いてはいるものの、バイオ技術分野のグローバルなイノベーションを調査対象としたものであると言えよう。

一方、論文を1本以上引用していた特許235件のなかで、発明者の住所が

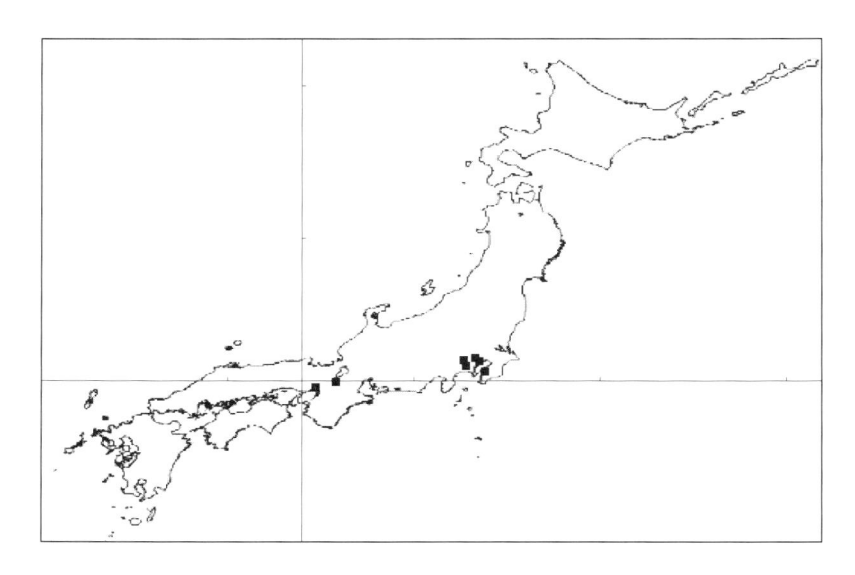

図30　日本におけるバイオ技術発明者のクラスター

複数の国にまたがっていたのは15件、全体の6.4％に過ぎなかった。1995年から1999年までに成立したバイオ特許サンプルの94％は一つの国の国内で発明が行われたことになる。

図30はバイオ特許の発明者の住所を日本地図上にプロットしたものである。一見すると人工衛星から観た夜景のように見えるが、図30における輝点はバイオ技術発明者がどこに住んでおり、どこ地域に集積しているかという、日本のバイオ頭脳クラスターを可視化したものである。

(2) 発明者間距離の計測結果

複数の発明者によって考案されたバイオ技術分野特許162件について、発明者の住所を基にその緯度および経度を調査し、さらに発明者多角形の重心位置を求め、さらに、各発明者から発明者重心までの平均距離を求めて2倍することで「発明者間距離」を求めた。

その結果、発明者間距離の最小値は0km、中央値は32km、平均値は951km、最大値は1万7427km、標準偏差は2719kmであった。

第7章　頭脳集積の必要性　103

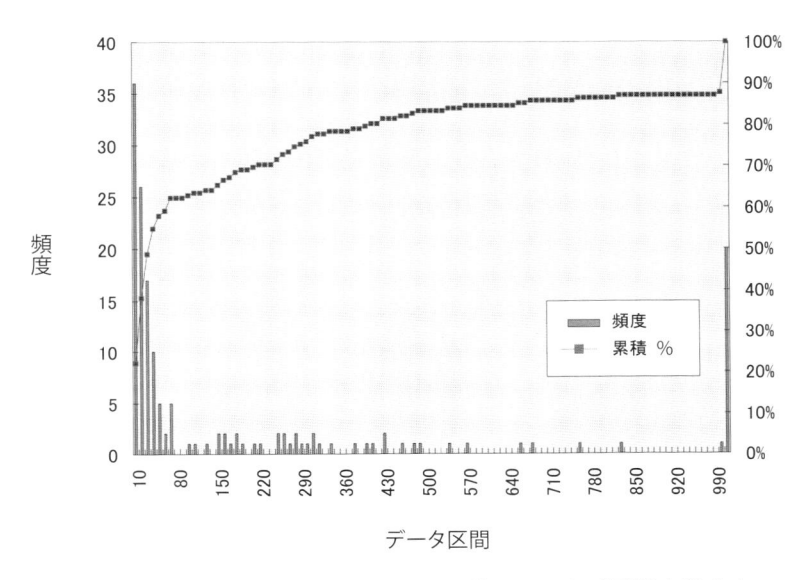

図 31　発明者間距離のヒストグラムおよび累積度数分布

　図31は発明者間距離のヒストグラムおよび累積度数分布である。図から明らかなように、発明者間距離は10km以内に22％、20km以内に38％、30km以内に48％のデータが集中している。これは、発明の半数近くが直径30kmの円の内側に住む発明者の共同作業によって行われていることを示すものと考えられる。発明者間距離100km以内には63％、500km以内に83％のデータが含まれていた。

　複数の発明者によって考案された特許162件中、発明者間距離が1000km以上離れていた特許は全体の12％に当たる20件であった。うち5件は1国内で発明が行われており、そのうち4件は米国内の異なった都市に、1件は日本国内の異なった都市に発明者がまたがっていた。発明者間距離が1000km以上離れていた特許のうち残り15件は発明者住所が複数国にまたがっていた。5件が日本に住所を持つ発明者と米国に住所を持つ発明者との共同で行われた発明であり、4件が欧州に住所を持つ発明者と米国に住所を持つ発明者との共同で、2件が日本に住所を持つ発明者と欧州に住所を持つ発明者との共同で行われていた。残り4件は英国とオーストラリア、カナダ

とオーストラリア、日本とオーストラリア、イタリアとドイツにそれぞれ住所を持つ発明者が共同して行った発明であった。

(3) 論文伝達距離の計測結果

特許に引用されている論文著者の所属機関の住所を基に、論文の基となった研究が行われた場所を求め、その論文を引用している特許の発明者重心との距離を計算した。その結果、発明者重心から論文研究機関までの距離の最小値は0km、中央値は4323.5km、最大値は1万8577.9kmであった。地球半周の距離が約2万kmであるから、最も離れている場合には、ある発明者は、地球のほぼ反対側に位置している研究機関で行われた研究の論文を引用していることがわかる。

(4) 発明者間距離と論文伝達距離との比較

以上の結果をまとめたものを表22に示す。ここで注目されるのは発明者間距離と論文伝達距離中央値が大きく異なっている点である。論文伝達距離の中央値が約4300kmであるのに対し、発明者間距離の中央値はわずか31.7kmに過ぎない。両者には100倍以上の開きがあった。

表22 発明者間距離と論文伝達距離の比較（単位：km）

	発明者間距離	論文伝達距離
最小値	0.0	0.0
中央値	31.7	4,323.5
最大値	17,427.2	18,577.9

図32から図37は、筆頭発明者の住所が日本、アメリカ大陸、欧州である特許毎に、発明者同志を線で結んだ図と、当該特許に引用されている論文研究機関所在地と共同発明者重心の間を線で結んだ図を描いたものである。共同発明者の住所が距離的に隣接し、国境をまたがった共同発明が少ないのに対し、特許発明者の住所と当該特許に引用されている論文が研究された機関

との距離は比較的離れており、国境をまたいで論文が特許に引用されているケースも多いことがわかる。

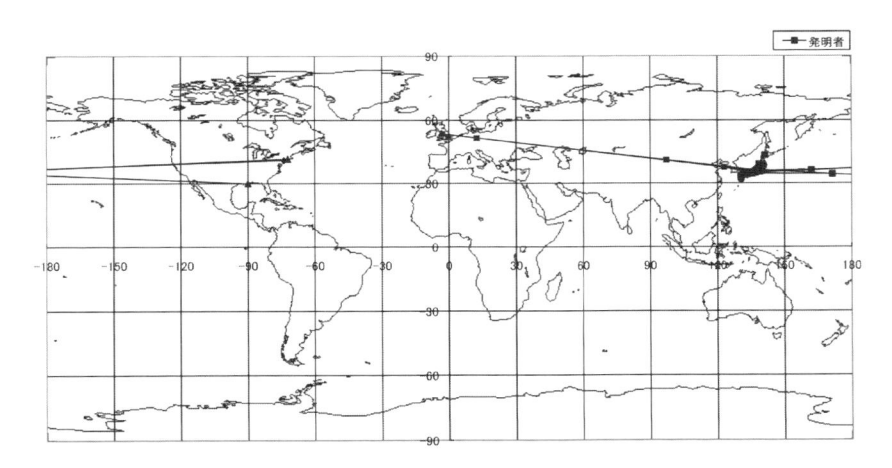

図32 筆頭発明者の住所が日本である特許の発明者同志を線で結んだ図

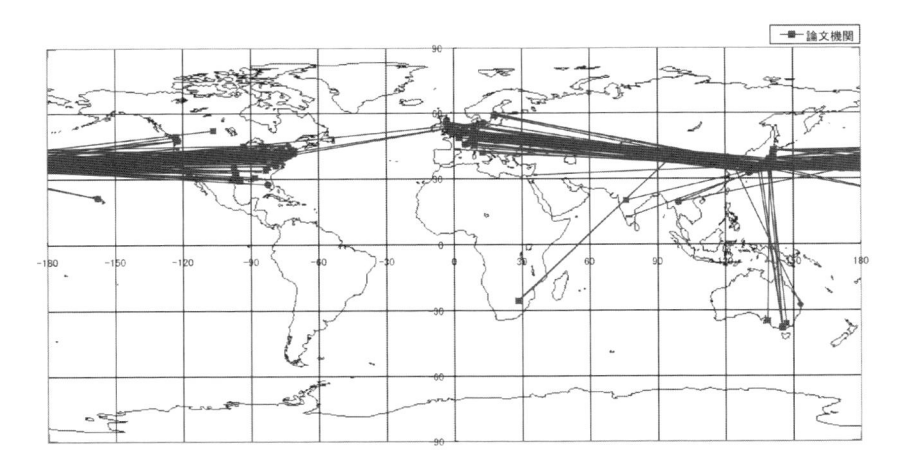

図33 筆頭発明者の住所が日本である特許の発明者の重心と当該特許に引用されている論文研究機関所在地の間を線で結んだ図

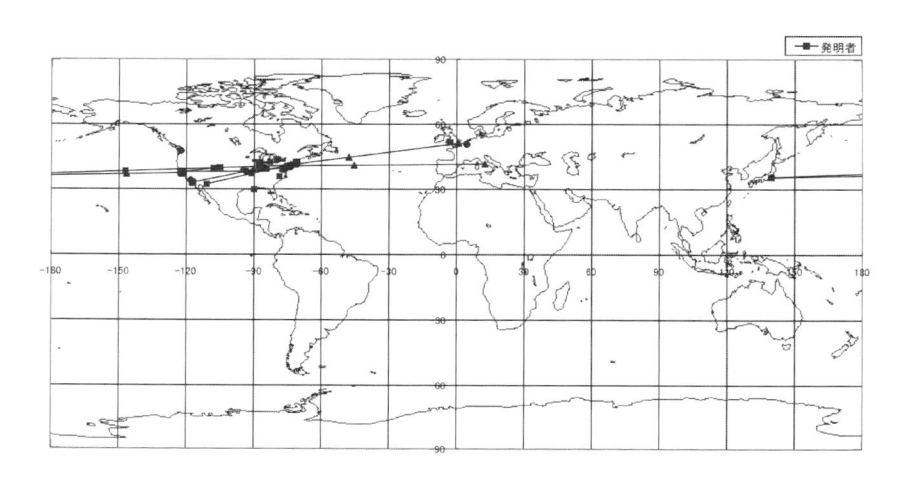

図34 筆頭発明者の住所がアメリカ大陸である特許の発明者同志を線で結んだ図（三角形はその重心）

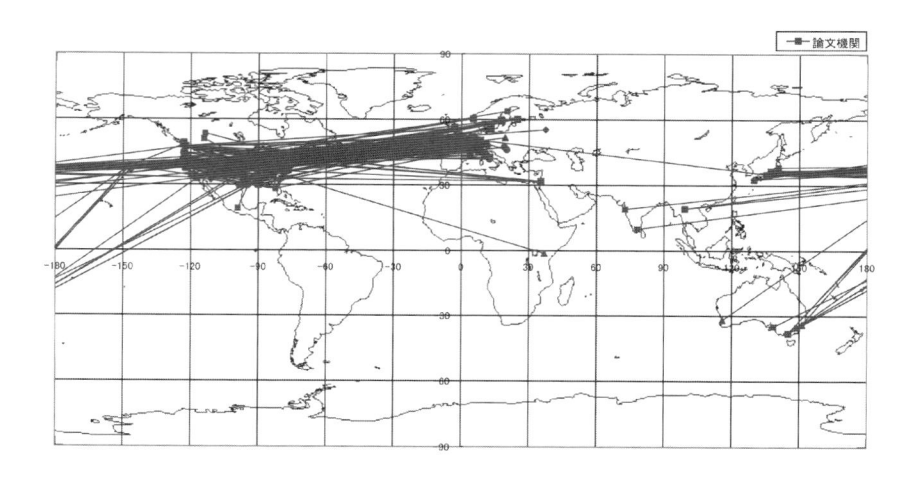

図35 筆頭発明者の住所がアメリカ大陸である特許の発明者の重心と当該特許に引用されている論文研究機関所在地の間を線で結んだ図

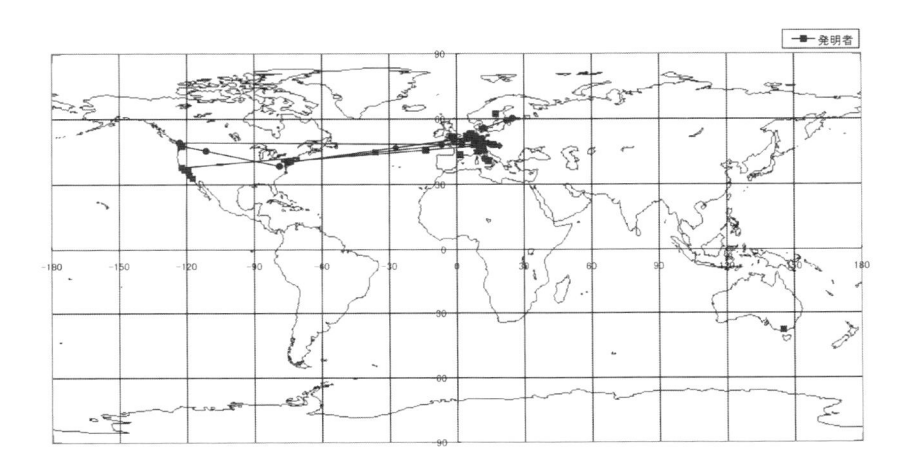

図36　筆頭発明者の住所がEU加盟国である特許の発明者同志を線で結んだ図（三角形はその重心）

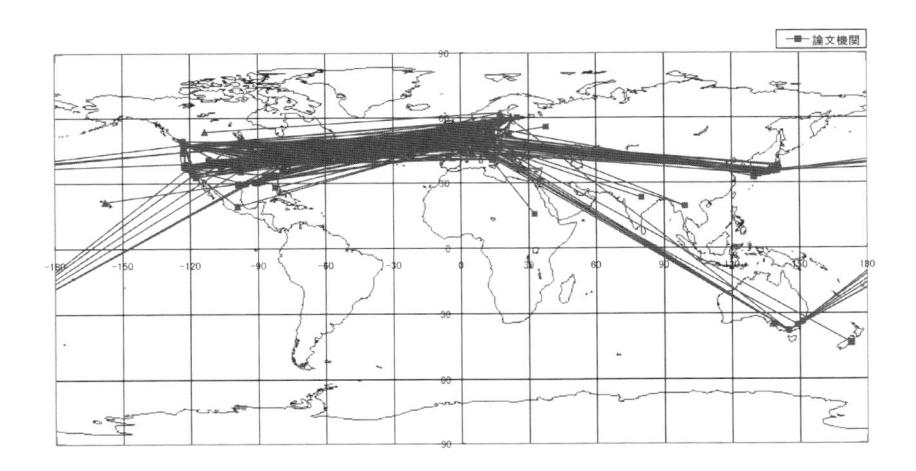

図37　筆頭発明者の住所がEU加盟国である特許の発明者の重心と当該特許に引用されている論文研究機関所在地の間を線で結んだ図

5 結論

　1995年から1999年の間に特許性有りとして特許公報に掲載されたバイオ技術分野特許サンプルの約7割は2人以上の発明者の共同で行われていた。外国からの出願が比較的多く、サンプルされた特許の57.5％は発明者の住所が日本以外の国であった。国も様々で、米国、欧州をはじめ、韓国、オーストラリア、イスラエルなど多岐にわたっていた。

　発明者の住所はグローバルに分布しているにもかかわらず、共同発明の大半は単一国内のごく近くに住所がある発明者の共同で行われていた。複数の発明者によって考案された特許162件中、ほぼ半数に当たる48％の発明が30km以内に居住する発明者の共同で行われていた。発明者間距離が1000km以上離れていた特許は共同発明全体の1割程度であった。また、複数の国の居住者による共同発明は15件、全体の約6％に過ぎず、大半が同一の国に住所がある複数の発明者によって発明が行われていた。

　このことは、論文引用という、形式知の一回一方向の伝達と、伝達距離の比較を行うことによって、一層際立つ結果となった。特許に引用されている論文著者所属機関と発明者重心との距離の中央値は約4300kmであり、発明者の住所と発明者重心との距離の中央値31.7kmよりもはるかに長かった。

　発明者間距離より論文伝達距離がはるかに長いことの理由として、研究成果が論文という形にまとめられることにより、定期刊行物やインターネットを通じてより遠くまで伝達可能となり、研究が行われた場所から国境を越えて他の国の発明者にスピルオーバーが容易となったこと、および、共同発明という双方向の頻繁なコミュニケーションと異なり、論文引用は片方向の一回のコミュニケーションであるため遠距離でのコミュニケーションがより容易であることが考えられる。

　本研究により、技術の発明というイノベーションのためには、関連するアクター間の距離が近いことが重要であることが示唆された。この事実は、グローバル化が進んだ現在においても、特定の国や地域の近距離に頭脳が集積していることがその国や地域の産業競争力強化のために重要であることを示

唆するものであり、今後の科学技術政策や地域クラスター政策の立案に際しての基礎的な資料を提供するものと考えられる。

第 8 章

大学の特許の質に関する研究

1 はじめに

　21世紀を迎え、我が国は人口減少時代に突入し、さらに地球規模で見れば、人口問題、食糧問題、環境・エネルギー問題等の諸課題が顕在化する状況にある。人口減少局面においても我が国が十分に力強く成長し、一人一人が豊かで安全・安心な生活を享受するとともに、世界の諸課題の解決に貢献していくためには、我が国に新たな活力をもたらすイノベーションの創造が必要とされている（高市、2007）。

　一方、技術変化の速度が速くなり、加えて、多くの技術が複雑性を増してきているため、潜在的に関連のある技術分野の全てにおいて自社内で専門性を維持することができる企業は現在ではほとんどなくなってきている（ティッドほか、2004）。企業は、他所で発明された技術を「ウチの発明じゃない（Not Invented Here）」などと言って拒否していては、厳しい企業間競争に勝ち残ることは不可能になってきている。他の組織と連携したオープンイノベーションが着目されているのは、こうした理由によるものである。

　特に、大学をはじめとする外部の技術源が、現在出現しつつあるか、もしくは急激に発展しつつある科学の分野に対する窓の提供という重要な役割を果たしている（ティッドほか、2004）。そこで、大学と民間企業との連携、すなわち産学連携がイノベーションの創出手法の一つとして注目を集めている。

　一方で、産学連携にはコストがかかる。どの大学のどの先生がどんな研究

を行っているのか、その水準は業界や自らが保有している技術水準を上回っているのか、といった情報を収集するコストや、教員や大学の窓口と知財や資金や研究の期限などに関する取り決めを結ぶコスト、組織の壁を越えて研究を共同で行うコストなどの様々なコストである。

これらのコストを払って産み出された産学連携特許は、企業単独で出願された特許や企業同士が共同で出願した特許と比べて質が高いものになっていると考えられるが、実際の所どうなのであろうか。

また、1998年に大学等技術移転促進法が施行され、大学の発明を取り巻く環境に大きな変化があったが、その前後で大学の発明の数や質に変化があったのであろうか。

こうした問いを明らかにするため、本章では、独自に構築した日本特許公報データベース（TamadaDatabase）から、企業が単独で出願した特許（企業単独特許）、複数の企業が共同で出願した特許（企業共同特許）、大学と企業が共同で出願した特許（産学連携特許）、および、大学が単独で出願した特許（大学単独特許）を抽出した。

そして、これらの特許に対して、谷川および新森による特許価値評価ソフトウェア Patent Value Analyst（谷川、2007）を用いて、価値評価指標を算出した。そうして求めた産学連携特許の価値評価指標を、企業間連携特許や企業単独特許および大学単独特許の価値評価指標と比較し、そこから得られる示唆について議論する。

2 大学の特許および民間企業の特許の定義

本章では、本書のこれまでの章同様1993年以降の特許公報データベースTamadaDatabase を用いた。このデータベースには特許の書誌、請求の範囲および明細書の内容が含まれている。本論文で対象とするのは、このデータベースに含まれるデータのうち審査を受け、特許性有りとして特許公報に1996年から2005年までに記載された特許である。この特許は全部で123万232件存在する。

本論文では出願人の国籍に日本（JP）の記載があるもののみを用いた。

民間企業特許および大学特許のそれぞれの定義は以下のようになる。なお、ここでは∩は'かつ'、∪は'または'、¬は'否定'として用いる。また、ある文字列は、その文字列を含む、という論理式として用いる。

民間企業の定義は、特許権者の名称において、
株式会社∪有限会社∪相互会社
が成り立つものでる。

大学の定義は、特許権者の名称において、
（大学∪学校）∩¬（株式会社∪有限会社∪相互会社）
が成り立つものである。

データに関しては2つの注意点がある。まず、本論文で用いているTamadaDatabaseにおいては、特許権者の名称変更を把握した場合、変更前の名称の特許権者が登録した特許のすべてに変更後の名称の特許権者が追加されていることである。すなわち、特許権者の名称が変更されると、変更前の名称の企業と変更後の名称の企業が共同で登録したようにデータが作成されている。このため、共同で出願した特許数が本来よりも多くカウントされていることがあり得る。ただし、実際にはこれは非常に少ないため分析に影響を与えることはほとんど無いと考えられる。

また、発明者が大学に属する特許は、大学を通して出願される場合だけでなく個人として出願される場合が無視できない程度に存在するが、その実態の把握は困難であるため、本章では大学が特許権を保有する特許のみを「大学の特許」とした。

3　大学単独特許、企業単独特許、企業共同特許および産学連携特許の抽出

今後の議論のために、特許権者が複数であるか単数であるかを区別した。ここでは1つの大学が特許権者である特許を大学単独特許、1つの民間企業が特許権者である特許を企業単独特許、2つ以上の民間企業が特許権者である特許を企業共同特許、1つの大学と1つ以上の民間企業が特許権者である特許を産学連携特許として、データベースから抽出した。

4　特許の強さの分析

本論文では特許の書誌請求の範囲および明細書の内容を形態素解析し、その特許の強さを算出した。この際に用いたツールは特許明細書品質評価エンジン（谷川、2007）である。

このツールは各特許の書誌、請求の範囲、明細書の内容から、
(1) 発明本質抽出度、
(2) 発明展開度、
(3) 強靭度、
(4) 実施可能度、
の4つの指標を形態素解析により算出するものである（この形態素解析には明細書解析エンジン（新森、2004）が用いられている）。

特許は一般的に権利範囲の広い特許が強い特許であると言われているが、これに対応するのが1つ目の発明本質抽出度である。この発明本質抽出度は以下の式で与えられる。

$$発明本質抽出度 = S \begin{pmatrix} 0.1 \times 第一請求項の前提部の文字数 + 0.9 \\ \times 第一請求項の特徴部の文字数 \end{pmatrix}$$

この式は次のような意味を持つ。

第一請求項は、発明の本質を最も抽出した、権利範囲の最も広い請求項である場合が多い。また、請求項の前提部や特徴部の文字数が少ないほど、無用な限定的用語が含まれていない可能性が高いため、権利範囲が広いと考えられる。

次に、特徴部が権利範囲の広さに影響を及ぼす度合いは、前提部と比較してきわめて大きく、その影響度合いは9対1ぐらいとされている。

全体を括っているSという関数は上記の考えに基づき、値域を0から100とし、定義域において単調減少する正規化関数である。

なお、前提部とは請求項の記載における「～において」または「～であって」までの部分である。そして、特徴部とはこれら「～において」または「～であって」以降に記載されている部分である。特に「～において」または「～であって」が存在しない請求項はすべてが特徴部となる。

5　分析結果

1つの大学が特許権者である特許を大学単独特許、1つの民間企業が特許権者である特許を企業単独特許、2つ以上の民間企業が特許権者である特許を企業共同特許、1つの大学と1つ以上の民間企業が特許権者である特許を産学連携特許としてデータベースから抽出した結果、どれほどの登録特許が存在するかを示したのが表23である。出願された特許の大半は企業からの

表23　特許の種類別登録件数

特許種別	登録特許数
大学単独特許	1,224
企業単独特許	477,765
企業共同特許	813,413
産学連携特許	489

表 24 各区分の発明本質抽出度

区別	平均	標準偏差
大学単独特許	74.3	25.6
企業単独特許	66.7	27.3
企業共同特許	70.6	26.1
産学連携特許	74.6	26.5

出願で、企業単独が約48万件、企業共同が約81万件あるのに対し、大学単独は1224件、産学連携は489件と圧倒的に少ないのがわかる。

　上記の分類に対して、発明本質抽出度を算出した結果が表24である。ただし、企業単独特許と企業共同特許については、1000件の特許をランダムに抽出して分析を行った。

　発明本質抽出度が最も高かったのは企業と大学が共同で権利を持っている特許（産学連携特許）で、発明本質抽出度は74.6であった。次に発明本質抽出度が高かったのは、大学が単独で権利を持っている特許（大学単独特許）で、発明本質抽出度は74.3であった。両者の間に統計的に有意な差はなかった。

　次に発明本質抽出度が高かったのは複数の企業が権利を持つ特許（企業共同特許）で、発明本質抽出度は70.6であった。この企業共同特許の発明本質抽出度70.6と、前述の大学単独特許の発明本質抽出度74.3との間には、統計的に有意な差があった。もちろん、それよりも発明本質抽出度の値が大きい産学連携特許と、企業共同特許の発明本質抽出度70.6との間にも統計的に有意な差があった。

　最も発明本質抽出度が低かったのは、企業単独特許で、発明本質抽出度は66.7であった。この企業単独特許の発明本質抽出度66.7と、前述の企業共同特許の発明本質抽出度70.6との間にも統計的に有意な差があった。

　この結果はどのように解釈すればよいのであろうか。まず、権利者が単独である場合同士を考えてみよう。

　大学単独特許の発明本質抽出度は74.3と、計測された発明本質抽出度の

中でも最も高いグループに属した。発明本質抽出度が「高い場合、広い権利範囲の特許権を得ることができ」ている（谷川、2007　85頁）と言える。これは、大学における研究が、基礎的、基盤的なものが多く、その成果を特許として権利化する場合にも、物事の本質をとらえた、広い権利範囲の特許権を得ることが可能である場合が多いことを示していると考えられる。

　これに対し企業単独特許の発明本質抽出度は66.7という低い値を示した。これは、企業の場合には権利を広く押さえる必要から基本特許だけでなく応用特許も出願する場合が多く、応用特許は自ずと発明本質抽出度が低くなりがちであると考えられ、応用特許に引っ張られて発明本質抽出度の平均値が低くなっていると考えられる。

　次に、企業単独特許の発明本質抽出度と企業共同特許の発明本質抽出度と比較すると、前者が66.7であったのに対し、後者が70.6であり、統計的に有意に差があった。これは、企業同士が共同で研究を行い権利を取得する場合、距離や組織の壁を越えて協力するためのコストを上回るベネフィットがあった場合に研究がうまくいき、その結果として特許が出願されると考えられるが、そうした特許は、企業が単独で取得している特許と比べ、より本質的な、権利範囲の広い特許である場合が多いからであると考えられる。企業共同特許の発明本質抽出度が、企業単独特許の発明本質抽出度よりも大きな値を示すのは、こうした理由によるものと考えられる。

　最後に、複数の組織が権利を持っている特許の発明本質抽出度について比較してみよう。企業と大学が共同で権利を持っている産学連携特許の発明本質抽出度は74.6であった。これは、複数の企業が権利を持つ企業共同特許の発明本質抽出度70.6と比較すると、統計的に有意に大きい値であった。産学連携の場合、組織が距離的に離れているだけでなく、企業と大学という異なる性質の組織の連携である点が、企業同士の連携とは異なる点である。企業は基本発明から応用発明まで幅広く出願しようとするのに対し、大学は基礎的な研究に基づく基本特許を中心に出願しようとする傾向があると考えられる。企業と大学が連携して研究を行い、その研究成果を出願する方が、企業同士が連携して研究を行って特許出願を行った場合と比較して、より基本的な、発明の本質に迫った特許を出願していることが、これら発明本質抽

出度の比較から示唆される。

さて、複数の主体が権利を持っている中では大学と企業とが共同で出願した産学連携特許の発明本質抽出度が74.6と一番高かったのだが、これと、大学単独特許の発明本質抽出度74.3とでは、産学連携特許の方が本質抽出度の値は大きいものの、統計的に有意な差ではなかった。産学連携特許と大学単独特許いずれにせよ、大学が関与した特許の発明本質抽出度は、企業が単独ないし複数で出願した特許と比べ、統計的に有意に高かったと言えよう。これは、大学という組織の持つ基礎研究志向が、その成果である大学が関与した特許にも反映され、高い発明本質抽出度につながったと考えられる。

大学単独特許の登録年別件数

図38に大学が単独で出願した特許の、登録年別の件数を示す。1996年が25件、1997年が22件、1998年が24件と、ここまでの3年間がいずれも20件強で推移してきたのに対し、1999年は84件、2000年は97件と、それ以前の年の約4倍へと顕著な増加が見られる。その後、2001年はそれまでの増加の反動か54件と一時的減少が見られるものの、2002年は109件と回復しており、1999年以降の登録数は、1998年以前の登録数とは明らかに異なった傾向が見られる。これは、1998年8月1日に大学等技術移転促進法が施行され、それ以前の大学教員に代わって、大学や地域毎に設立された技術移転機関（TLO）が大学教員から特許を受ける権利を譲り受けて特許を申請する制度が整備されたことに呼応しているものと思われる。

また、2003年の登録は173件と、前年の登録109件から約60％の増加が見られ、2004年は140件、2005年は169件と、2002年までの年間80-110件前後から、さらに増加傾向が見られる。これは、以下のような理由によるものと考えられる。文部科学省の科学技術・学術審議会に置かれた「知的財産WG」において、大学における知的財産の機関帰属への転換に伴い必要となる大学の体制整備を求める報告書がまとめられ、2003年度から文部科学省では、全国の知的財産戦略の体制整備を必要としている大学を支援するため、全国の大学等機関から43件の機関をモデルとして選定し支援を行う「大学知的財産本部整備事業」が実施されている。この事業により、全国の国公

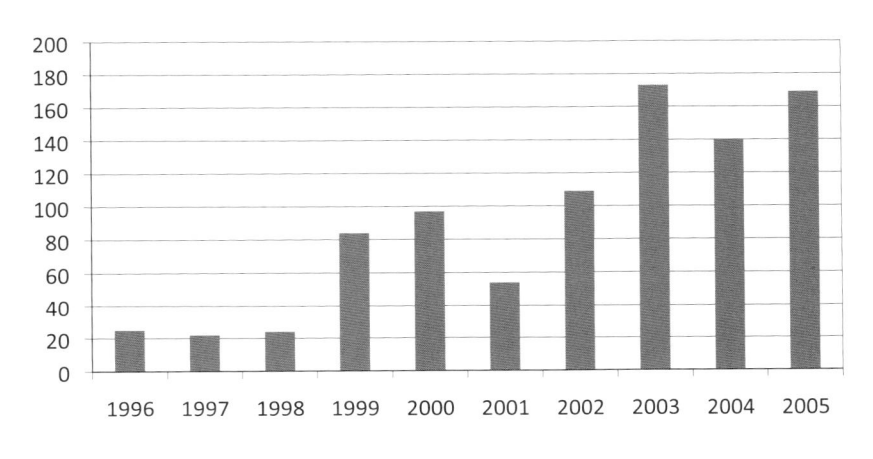

図 38　大学単独特許の登録年別件数

私立大学の内、約 100 機関以上の大学で知的財産の管理・活用体制が整備されてきている。2003 年からの大学の特許出願数の顕著な増加はこうした大学における体制整備と関連があると考えられる。

大学単独特許の発明本質抽出度の出願年毎の平均

図 39 に、大学単独特許の発明本質抽出度の、出願年毎の平均の推移を示す。1996 年は 69.3、1997 年は 67.6、1998 年は 61.7 とほぼ 65 前後で推移したあと、1999 年は 75.8 と前年比約 14 ポイントの上昇、2000 年はさらに 4.4 ポイント上昇して 80.2 のピークを示し、2001 年以降は 75 前後で推移している。

筆者はこのグラフを見て、1996 年から 1998 年までの、60 台前半から後半の発明本質抽出度の水準と、1999 年以降の 75 から 80 程度の発明本質抽出度の水準とで、大学の特許に質的な変化があったように感じる。そして、この大学特許の発明本質抽出度の向上にも、大学等技術移転促進法が 1998 年 8 月に施行されたことが寄与しているように思われる。なぜなら、1998 年以前の特許出願は大学の教員に特許を受ける権利が帰属する場合が大半であったため、いわば特許の素人である教員自身によって特許の明細書が作られる場合が多く、せっかくいいアイディアであっても必ずしもその発明の本質が

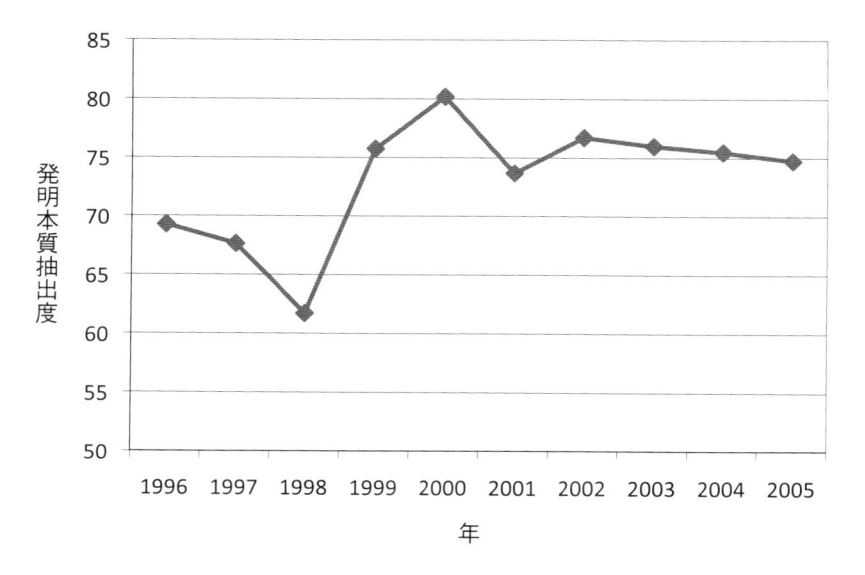

図39 大学単独特許の発明本質抽出度の出願年毎の平均値

明細書に十分に抽出されていなかった場合も多かったであろうと思われるのに対し、技術移転機関の職員という特許の専門家の助けによって明細書が作成されるようになった1999年以降は、発明の本質がよく抽出された明細書が作成されるようになった可能性が高いと考えられるからである。

6　考察

　以上をまとめると、以下のようになる。人口減少、食糧問題、環境・エネルギー問題等の課題が顕在化する中、我が国が力強く成長し、一人一人が豊かで安心・安全な生活を享受するために、イノベーションの創造が求められている。一方、技術変化の速度が速くなり、多くの技術が複雑性を増してきているため、イノベーションに必要とされる全ての技術を自社でまかなうことが不可能になってきている。そのため、他組織との連携、なかでも科学へ

の窓となる大学との連携がイノベーション創出のために注目を集めている。

しかし、そうしたメリットの一方で、他組織との連携にはコストも伴う。どの組織の誰がどのような研究をしているのか、そのクオリティは自社と比べてどうか、といったことに対するサーチのコストや、研究場所が複数になることで増える移動時間や移動のためのコスト、大学との共同研究のための取り決めに伴うコストなどが余計にかかるようになる。

それでははたして他の組織との連携、なかでも産学連携によるイノベーションには、かかるコストを上回るベネフィットがあるのであろうか。それを計測するために、イノベーションの指標の一つである特許を取り、特許の品質を評価するソフトウェアを用いて、企業単独で出願した特許、企業同士が共同して出願した特許、大学と企業が共同で出願した特許、大学単独で出願した特許の4種類について特許品質評価指標を計測した。

その結果、企業が単独で出願した特許の質を表す指標の一つである発明本質抽出度は66.7であったのに対し、組織の壁を越えて企業同士が協力し、その成果を共同で出願した特許の発明本質抽出度は70.6で、統計的に有意に差があった。さらに、企業と大学という異なった組織が協力し合い、共同で出願した特許の発明本質抽出度は74.6で、企業同士が協力して出願した特許の発明本質抽出度70.6よりも、有意に大きい値であった。これは、大学という組織は基礎的な研究を行う傾向が強いことから、企業が大学と共同で行った研究開発活動の成果である特許も、基礎的傾向が強く、それが広い権利範囲の特許へとつながったと考えられる。企業が大学という異なった性質の組織と連携して研究開発を行うことによって、企業単独や企業同士が連携して研究開発を行った場合より、広い権利範囲の特許を取得できていることが明らかとなった。企業にとっては、異なる種類の別組織である大学と連携するというコストを払っても、産学連携によるベネフィットの方が大きいことが明らかになったと言えるのではないだろうか。

ちなみに、大学が単独で出願した特許の発明本質抽出度は74.3と高く、産学連携特許とほぼ同水準であった。これはやはり、大学の研究が持つ基礎的性質が、権利範囲の広い特許の取得につながっていると推察される。

また、大学単独特許の登録件数は、1998年の大学等技術移転促進法の成

立を境に急増していた。さらに、2003年からの「大学知的財産本部整備事業」の実施により、全国の国公私立大学の内、約100機関以上の大学で知的財産の管理・活用体制が整備されたことを契機としてさらなる増加を見せている。

　大学単独特許の質を表す発明本質抽出度も、1998年の大学等技術移転促進法の成立と同時期に上昇が見られた。これは、それ以前は特許を受ける権利が教官に属する場合が多く、特許明細書をいわば特許の素人である教官個人が書く場合が多かったのに対し、1998年以降は特許を受ける権利を技術移転機関（TLO）が譲り受けて特許を出願する場合が増え、特許のプロである弁理士が明細書を書くことが増加したため、特許の質が向上したものと考えられる。

　以上、本章では、イノベーションの促進に産学連携が果たす役割について、産学連携特許の質を計るアプローチによって接近を試みた。企業から見ると、産学連携によって質の高い特許を得ることができる可能性が高いことから、大学と連携することはコストよりもベネフィットの方が大きいと言えるのではないだろうか。

第 9 章

お わ り に

　これまでの章で、様々な切り口から産学連携によって生じるイノベーションについて分析してきた。
　はじめに、スタンフォード大学などでの遺伝子操作の研究がバイオテクノロジーの端緒となり、医薬産業、化学産業、食品産業などに幅広いインパクトを与えたことや、日本でも、1998 年に大学等技術移転促進法が制定されるなどして、産学連携を推進しようと官民挙げての取り組みが行われていることを紹介した。一方、産学連携はどのような分野で活発なのか、どこの大学で行われた研究成果がどの国の産業で活用されているのか、その研究成果を産み出すための資金はどの国から提供されたのか、産学連携は距離が近い方が活発なのか、などといった問いは、特に日本ではこれまで十分に研究されていなかったことを示した。
　第 1 章では、ソローの研究による、技術変化が米国の戦後の経済成長の半分程度の役割を果たしていた点（Solow, 1957）、マンスフィールドの研究による、学術研究の貢献なしには新しい製品や製造方法の 10％は、その登場が著しく遅れたであろうとする推定（Mansfield, 1991）などを紹介し、大学等における科学研究の成果が長期的経済成長の要因として認識されていることを示した。
　そして近年、イノベーションの指標として「特許」を分析の対象とし、特許中の科学の指標として「引用論文」を計測した指標、すなわち「特許 1 件当たりの引用論文等数」が注目されてきていることを紹介した。この指標は「サイエンス・リンケージ」と呼ばれており、いくつかの留意点はあるものの、科学がイノベーションに与えている影響を理解する指標として有効であると

考えられていることを紹介した。

　しかしながら、日本という米国や欧州に比肩する国内総生産を持つ地域におけるイノベーションのメカニズムを研究するためには、日本国特許庁に対して出願された特許を分析することが必要不可欠だと考えられるにもかかわらず、日本特許におけるサイエンス・リンケージは、研究用のデータが不備であったためにこれまでほとんど研究されてこなかった。

　米国特許を対象とした先行研究においては、米国特許法で義務づけられている、特許の第1ページに掲載された、その特許に関連する先行特許や学術論文等を手がかりに研究が行われている。しかし、日本の特許制度においては、2002（平成14年）法改正までは、先行技術文献情報を開示する義務がなかったため、特許の第1ページを見ても関連する先行特許や論文等が網羅されていなかった。そのため、本研究においては、特許庁が発行している特許公報CD-ROMを基に独自のデータベースを構築し、技術分野ごとにサンプルされた特許全文から引用されている論文等を目視で一件ずつ抽出するという、大変手間のかかる方法で調査を行った。

　この特許全文に引用されている論文等の抽出という方法には、手間はかかるけれどもノイズが少ないというメリットがある。特許の本文は出願人によって記載され、誤字等の場合を除き審査官によって修正されることはない。つまり、特許本文中には、当該技術を考案した者が、その時点で知っていた他の特許や論文等の既存の知識が、純粋に表現されていると考えられるのである。さらに、もし出願人が特許と関連する文献を引用していなかった場合、審査官によって第1ページに追加されるため、それによって出願人による先行文献の隠蔽を補うこともできるのである。

　第2章においては、本研究の基礎となった日本特許データベース（TamadaDatabase）の構築方法について述べた。特許公報には、特許が出願されてから18カ月後に原則としてその全てが掲載される「特許公開公報」と、出願された申請が審査され、特許性があるものとして特許権の設定登録があった場合に掲載される「特許公報」がある。TamadaDatabaseにおいては、両方の公報のうち、CD-ROM化されているものについてMySQLで検索できるようにデータベース化を行っている。

第9章 おわりに

　第3章では、これまでほとんど研究されていなかった日本特許について、そもそも引用論文等があるのかどうか、引用文献があった場合に第1ページにあるのかそれとも本文中にあるのかについて、バイオ技術分野の特許と、それ以外の分野の特許から得られたサンプルを対象として調査を行った。その結果、日本においては、バイオ技術分野のサンプル特許の全引用文献のうち4.2％しかフロントページ中に記述されていないことが明らかとなった。したがって、日本において米国同様のサイエンス・リンケージ分析を行おうとする場合、第1ページの分析だけでは不十分で、特許全文の分析が必要不可欠であることが明らかとなった。

　次に、バイオ技術分野から300、それ以外の全技術分野から300サンプリングした特許がそれぞれ何件の特許と論文等を引用しているかを調査したところ、論文等の引用件数がバイオ技術分野の特許では4454件と、それ以外の全技術分野の特許の引用件数211件の21倍にも達していた。

　本章における調査の結果、まず、日本特許にも論文等や他の特許に対する引用が存在するという事実が確認された。同時に、日本特許においては、フロントページに記載されている「参照文献」(引用文献が記載される任意項目)を調査するだけでは引用文献の分析として十分ではないこともわかった。さらに、可能な範囲でサイエンス・リンケージの日米比較を試みたところ、主としてヒトゲノム技術からなる「バイオ技術分野」の特許のサイエンス・リンケージが、他の技術分野と比較して明らかに多く、この傾向は日米で共通であることも明らかとなった。

　第4章では、比較する技術分野をさらに拡げ、第二次科学技術基本計画において重点分野とされた、バイオテクノロジー、ナノテクノロジー、情報技術（IT）、環境関連技術の4つの技術分野に属する特許群を特許データベースより抽出した。さらに、それら分野ごとの特許集合からランダムサンプリングにより300件ずつのサンプルを抽出し、また、分野を無作為とした300件のサンプルとも比較を行い、日本特許の他の特許および論文等に対する引用の傾向について、特許全文を対象に、目視により分析を行った。その結果、主要4技術分野特許における論文等の引用件数(サイエンス・リンケージ)が、技術分野毎に大きく異なっていることが明らかとなった。具体的には、同じ

300件の特許サンプル中における引用件数の合計について、多い方からバイオ、ナノテク、IT、環境の順であることが明らかとなった。

サイエンス・リンケージが最も多かったのはバイオ技術分野であり、特許300件に合計で3439本もの論文等が引用されており、特許1件当たり平均で11.46本と、無作為抽出の平均値0.6本の約19倍の多さを示した。最も多く論文等を引用していた特許は、1件の特許に111本の論文を引用していた。サンプルに引用されている論文等の数の中央値は6本であり、標準偏差は14.6であった。

次いで、ナノテク分野においては、特許300件当たり、合計で597本の論文等が引用されており、特許1件当たり平均で1.99本と、無作為抽出の平均値（0.6本）に比べて約3倍の多さを示した。最も多く論文等を引用していた特許は、1件の特許に73本の論文を引用していた。標準偏差は5.8であった。

これに対し、IT分野（合計95本、最大値8本、特許1件当たり平均0.32本、標準偏差0.92）、および、環境関連技術分野（合計77本、最大値9本、特許1件当たり平均0.26本、標準偏差1.1）は、無作為抽出の平均（0.6本）よりも特許1件当たりの平均サイエンス・リンケージが低い傾向が認められた。

次いで、特許権者の住所の国別の分布を調査したところ、技術分野によって外国からの出願比率が異なることが明らかとなった。特に、バイオ技術分野では、外国からの出願が半数を占めていた。そこで、特許権者の国籍と技術分野とのクロス分析を行ったところ、特許権者の住所がどこの国であっても、バイオ技術分野のサイエンス・リンケージが他の分野と比較して圧倒的に多く、続いてナノテク分野のサイエンス・リンケージが多くなっており、IT分野、環境技術分野がそれに続いていた。すなわち、観測されたサイエンス・リンケージの技術分野間での違いは、その技術がどの国で発明されたかにかかわらず、バイオ分野で高く、次いでナノテク分野が高いという傾向が見いだされ、その違いは技術の持つ本質的な特性によるものであることが明らかとなった。この傾向は特許当たりの請求項の数によってコントロールした後でも変わらなかった。すなわち、サイエンス・リンケージは、他の要素をコントロールしても、技術分野が異なると大きく異なっており、技術分

野毎のイノベーション・システムによって異なっているものであることが実証されたと考えられる。これは、技術分野によって特許となるイノベーションが科学から受ける影響に違いがあることを示唆するものであり、今後の科学技術政策立案に際し、技術分野毎の特性を踏まえた科学技術政策のあり方などを議論する定量的かつ実証的な基礎資料を与え得るものと考えられる。

第5章においては、これまでの人手によるサンプル調査の限界を打破するため、サイエンス・リンケージ抽出の自動化を試みた。技術変化に科学の成果である論文等が与えている影響を網羅的に明らかとするためには、重点分野以外の特許も含め、互いに排他的な技術分類を用いて、いわば技術を一次元の数直線上に並べて分類し、そのサイエンス・リンケージを計測する必要がある。そのために、人手による引用文献抽出を「教師」とし、引用文献の抽出を自動化するためのプログラムを作成した。

その結果、かなり高い再現率および精度（ともに約98％）を持つプログラムを作成することに成功した。これにより、引用特許および論文等の自動抽出が可能であることが示されたとともに、細かく、かつ排他的な特許技術分類レベルで、網羅的にサイエンス・リンケージを調査することが可能となった。

1995年から1999年に特許公報に掲載された約88万件の特許を対象に、約600分類の技術分野毎にサイエンス・リンケージを調査した結果、日本特許において最もサイエンス・リンケージが多い分野は「C12N　微生物または酵素」、次いで「C07K　ペプチド」であった。以下、サイエンス・リンケージの多い技術分野はセクションCの化学に属する分野が多かったが、なかにはセクションG「物理学」に属する「G03C　写真用感光材料、写真法（例：映画、エックス線写真法、多色写真法、立体写真法）、写真の補助処理法」が5位に、「G09C　秘密の必要性を含む暗号または他の目的のための暗号化または暗号解読装置」が11位に、「G06E　光学的計算装置」が18位に、「G10L　音声の分析または合成、音声認識」が19位にランクされるケースも見受けられた。

これは、ミッチェルらによる欧州特許におけるサイエンス・リンケージの傾向とも一致する（Michel *et al.*, 2001）。自動抽出されたサイエンス・リン

ケージの多い分野を国際特許分類別にランキングすると、トップ3は欧州と共通で、ベスト10の中に欧州ベスト10に入っている技術分野のうち6つがランクインした。日本特許庁と欧州特許庁という異なる特許庁に異なる時期に出願された特許の技術分類別のサイエンス・リンケージの調査結果がよく似通っているという事実は、技術の科学とのリンケージの違いが技術分類毎の本質的なイノベーション・メカニズムの違いによることを示していると考えられる。

筆者が2009年（平成21年）11月17日に、キリンホールディングス傘下の研究所長ら19名のうち特許出願経験のあるもの16名を対象として行ったアンケート調査でも、バイオ技術分野（例：C12N 微生物または酵素、その組成物、微生物の増殖・保存・維持、突然変異または遺伝子工学、培地）で特許に引用されている論文や学会発表が多い理由として、選択肢1の「バイオ技術分野では新しい物質の発見が論文や学会発表の形でなされることが多いため」を16人中11人（約69％）が選択した（複数回答可）。選択肢2の「バイオ技術分野では新しい検査方法、試薬などの発表が論文や学会発表の形でなされることが多いため」は16人中10人（約63％）が選択した（複数回答可）。選択肢3の「バイオ技術分野では新しい塩基配列の発見が論文や学会発表の形でなされることが多いため」は16人中7人（約44％）が選択した（複数回答可）。バイオ分野では新しい物質や検査方法、試薬、塩基配列などの情報が論文や学会発表の形で提供されることが多いため、特許への論文や学会発表の引用が多くなると、多くの研究所長が考えていることが明らかとなった。

自由記述欄においても、「バイオ技術分野での研究では、研究成果を権威ある雑誌に論文として記載することにより業界で認知される。製薬企業に技術を売り込もうと考える大学やベンチャー企業では、研究成果の論文化が特に重要となる。彼らは、特許出願後できるだけ早くに学会、論文発表する傾向にある。」との指摘もあった。バイオ技術分野においては、知識のコミュニケーションの場が特許公報よりも学術雑誌や学会発表を中心としてなされており、そのために他の技術分野よりも論文や学会発表の引用が多くなっているのかもしれない。別の研究所長は「バイオ分野は、かつて大学等、学問

領域での研究開発が中心であったため、どうしても速報性と信用性から、特許明細書より学術論文が優先されたこと、加えて知財権への意識が低かったことも影響しているのではないか？」と、バイオ技術分野での論文重視の傾向を指摘している。これと関連して、別の研究所長は「【従来の技術】と【発明の実施の形態】のところでの引用が多くなる。【従来の技術】では、先行知見としてファミリー遺伝子や既存のアッセイ系（筆者注：実験の手法）等を記載する必要があるため引用が多くなる。【発明の実施の形態】では、当業者が実施できるように一連の方法（例、遺伝子の発現方法、精製方法、抗体の作成方法、発現量の測定方法、アッセイ方法等）を記載する必要があるため、引用が多くなる。」と書いているが、これらの一連の実験方法や遺伝子が先行特許に記載されていれば、自ずと先行特許の引用が多くなるはずで、バイオ技術分野において論文や学会発表の引用が多いのは、こうした実験手法や遺伝子の発見がめまぐるしく進歩しており、それらが論文や学会発表に掲載されることが多いためであり、研究者もそれを基に研究を進めているためであると考えられる。別の記述として「自分の経験では、特許出願の明細書は、学術論文を元に作成することが多く、それ以外の場合も、同様な作り込みをしています。」と、特許出願と論文記述が同時に行われ、記述形式が論文のスタイルを踏襲していることによって論文等の引用が多くなっていることを示唆するものがあった。また、「当該分野は、近年急速に進歩・拡大した分野であるため、そもそも論文・学会発表数が他の分野より多いからなのではないかと思います。」との指摘もあった。

　特許のサイエンス・リンケージが技術分野によって大きく異なっているという第5章までの調査結果は、それ自体新たな発見であると言えるが、同時に、なぜ技術分野によってサイエンス・リンケージがかくも異なっているのか、という新たな問いを我々の前に投げかける。この問いに対する答えを模索するために、1995-1999年に審査され、特許性ありとして特許公報に掲載された、バイオ、ナノテク、IT、環境の技術分類に属する特許300件ずつによって引用されている論文等を、東京大学においてsubscribeしている科学文献データベースScienceDirectや東京大学図書館の蔵書をもとに、可能な限り収集した。その数は4000件以上に及んだ。そして、収集した論文等の著者の、

住所から推定した国籍、著者の所属機関の属性を調査した。さらに、引用されている論文等の謝辞から、当該論文等を助成している機関の属性および国籍を調査し、それらの関係について分析を行った。

バイオ技術分野においては、特許権者の国籍が日本であるか米国であるか欧州等であるかにかかわらず、米国の論文等が引用されている比率が高かった。距離の壁や言語の壁を考えると、自国の特許には自国の論文等の引用が多くなるはずだが、バイオ技術分野特許の場合には、こうした壁を越えて米国の科学論文等が引用されていたことになる。これはすなわち、距離や国境や言語の壁を越えるほど、米国がバイオ技術分野において活発に高い水準の科学論文等を発信しており、自国の特許だけでなく、日本や欧州等の特許に対しても強い影響を与えているためであると考えられる。

ナノテクノロジー分野においても、日本から出願された特許に引用されている論文等の43％が米国に所在する研究機関で研究が行われたものであるなど、ある程度米国の科学の影響が見られる。しかし、バイオ技術分野ほどその影響は強くなく、欧州等から出願された特許においては欧州等において研究された論文等の引用が一番多く引用全体の49％を占め、次いで米国の論文等の引用が41％を占めるなど、自国・地域の論文等の引用と、米国の論文等の引用が拮抗しているように見受けられる。つまり、ナノテク分野においては、自らが属する地域の論文等と、米国の論文等が、同じぐらいの強さで各地域の特許に影響を与えていると考えられる。

IT分野においては、それぞれの国や地域の特許が自国エリアからの論文等を引用する傾向が強く見られた。加えて、米国特許に日本の論文等が米国の論文等と同数引用されていることが注目された。これは、IT分野で、日本の科学が米国において一定の評価を受けていることを示唆すると考えられる。

環境技術分野も、それぞれの国や地域の特許が自国エリアからの論文等を引用する傾向が強かった。加えて、欧州特許に日本の論文等が自国の論文等に次いで引用されていることが注目された。これは、環境技術分野での日本の科学の水準が、欧州で一定の評価を受けていることを示唆すると考えられる。

サイエンス・リンケージが際立って多いバイオテクノロジー分野では、①世界のどの地域から出願された特許においても引用されている論文等には米国のものが多数を占めること、②その機関は大学や公的機関が占める割合が高いこと、さらに、③論文の謝辞に記載されている助成機関のほとんどは米国にあること、の3点である。この結果から考えられるのは以下のようなイノベーションのメカニズムである。①NIHだけで3兆円とも言われる豊富な基礎研究資金が米国のバイオテクノロジー分野の大学や公的研究機関に流れ込み、活発に研究が行われて論文が産み出される。②その研究成果が産学連携や大学発ベンチャーなどを通じて米国のバイオ産業の競争力を強化する。③同時に、産み出された知識が論文や学会発表などの形で日本や欧州にもスピルオーバーする、という流れである。

　第7章においてはやや視点を変えて、イノベーションにおける距離の重要性について検討を行った。ある課題を解決するための技術が複数人の協力によって発明されるプロセスにおいては、発明者の間で密接なコミュニケーションが必要であると考えられるが、近年の情報通信技術の進歩により遠隔地間のコミュニケーションは容易になった。それでは、発明のような密度の高いコミュニケーションが求められると考えられる行為は、どのくらい遠隔地に住む発明者間で行われているのであろうか。本研究においては、バイオ分野特許を対象とし、その7割を占める共同発明の発明者の住所から発明者間の距離を推計し、論文の伝達距離との比較を行った。その結果、共同発明者間距離の中央値は31.7kmであり、論文伝達距離の中央値4300kmよりははるかに短かった。この事実は、グローバル化が進んだ現在においても、特定の国や地域の近距離に頭脳が集積していることがその国や地域の産業競争力強化のために重要であることを示唆するものである。

　第8章においては、産学連携によって産み出される特許の質について調査検討を行った。技術変化の速度が速くなり、加えて、多くの技術が複雑性を増してきているため、潜在的に関連のある技術分野の全てにおいて自社内で専門性を維持することができる企業は現在ではほとんどなくなってきている（ティッドほか、2004）。企業は、他所で発明された技術を「ウチの発明じゃない（Not Invented Here）」などと言って拒否していては、厳しい企業間競争

に勝ち残ることは不可能になってきている。他の組織と連携したオープンイノベーションが着目されているのは、こうした理由によるものである。

　特に、大学をはじめとする外部の技術源が、現在出現しつつあるか、もしくは急激に発展しつつある科学の分野に対する窓の提供という重要な役割を果たしているという点が、より高く評価されている（ティッドほか、2004）。そこで、大学と民間企業との連携、すなわち産学連携が、イノベーションの創出手法の一つとして注目を集めている。

　一方で、産学連携にはコストがかかる。どの大学のどの先生がどんな研究を行っているのか、その水準は業界や自らが保有している技術水準を上回っているのか、といった情報を収集するコストや、教員や大学の窓口と知財や資金や研究の期限などに関する取り決めを結ぶコスト、組織の壁を越えて研究を共同で行うコストなどの様々なコストである。

　これらのコストを払って産み出された産学連携特許は、企業単独で出願された特許や企業同士が共同で出願した特許と比べて質が高いものになっていると考えられるが、実際の所どうなのであろうか。

　また、1998年に大学等技術移転促進法が施行され、大学の発明を取り巻く環境に大きな変化があったが、その前後で大学の発明の数や質に変化があったのであろうか。

　こうした問いを明らかにするため、第8章では、独自に構築した日本特許公報データベース（TamadaDatabase）から、大学が単独で出願した特許（大学単独特許）、企業が単独で出願した特許（企業単独特許）、複数の企業が共同で出願した特許（企業共同特許）および、大学と企業が共同で出願した特許（産学連携特許）を抽出した。

　そして、これらの特許に対して、谷川および新森による特許価値評価ソフトウェア Patent Value Analyst（谷川、2007）を用いて、価値評価指標を算出した。そうして求めた産学連携特許の価値評価指標を、企業間連携特許や企業単独特許および大学単独特許の価値評価指標と比較し、そこから得られる示唆について議論する。

　その結果、企業が単独で出願した、特許の質を表す指標の一つである発明本質抽出度は66.7であったのに対し、組織の壁を越えて企業同士が協力し、

その成果を共同で出願した特許の発明本質抽出度は 70.6 で、統計的に有意に差があった。さらに、企業と大学という異なった組織が協力し合い、共同で出願した特許の発明本質抽出度は 74.6 で、企業同士が協力して出願した特許の発明本質抽出度 70.6 よりも、統計的に有意に大きい値であった。

　すなわち、企業が大学という異なった性質の組織と連携して研究開発を行うことによって、企業単独や企業同士が連携して研究開発を行った場合より、広い権利範囲の特許を取得できていることが明らかとなった。企業にとっては、異なる種類の別組織である大学と連携するというコストを払っても、産学連携によるベネフィットの方が大きいことが明らかになったと言えるのではないだろうか。

　ちなみに、大学が単独で出願した特許の発明本質抽出度は 74.3 と高く、産学連携特許とほぼ同水準であった。これはやはり、大学の研究が持つ基礎的性質が、権利範囲の広い特許の取得につながっていると推察される。

　また、大学単独特許の登録件数は、1998 年の大学等技術移転促進法の成立を境に急増していた。さらに、2003 年からの「大学知的財産本部整備事業」の実施により、全国の国公私立大学の内、約 100 機関以上の大学で知的財産の管理・活用体制が整備されたことを契機としてさらなる増加を見せている。

　大学単独特許の質を表す発明本質抽出度も、1998 年の大学等技術移転促進法の成立と同時期に上昇が見られた。これは、それ以前は特許を受ける権利が教官に属する場合が多く、特許明細書をいわば特許の素人である教官個人が書く場合が多かったのに対し、1998 年以降は特許を受ける権利を技術移転機関（TLO）が譲り受けて特許を出願する場合が増え、特許のプロである弁理士が明細書を書くことが増加したため、特許の質が向上したものと考えられる。

　第 8 章では、イノベーションの促進に産学連携が果たす役割について、産学連携特許の質を計るアプローチによって接近を試みた。企業にとっては、産学連携によって質の高い特許を得ることができる可能性が高いことから、大学と連携することはコストよりもベネフィットの方が大きいと言えるのではないだろうか。

　以上、日本特許データを基に、サイエンス・リンケージというツールを中

心的に用いて、科学がイノベーションに与える影響について調査を行った。科学的知識の形式知化である論文が主として大学や公的研究機関から産み出され、技術イノベーションの形式知化である特許が主として企業から産み出されることを考えると、特許に引用されている論文を調査するということはすなわち企業で産み出された知識に大学等で産み出された知識がどのように影響を与えているかを調査することに他ならない。

　第1章から第5章までの研究で見いだされた、特許分類の違いによって引用されている論文等の数が大きく異なっているという事実は、企業におけるイノベーション・プロセスに大学等で産み出された科学的知識が与える影響が、技術分野によって大きく異なっていることを示していると考えられる。つまり、産学連携がイノベーションに果たす重要性も、技術の分野によって異なっていることが示唆される。バイオ技術分野やナノテクノロジー分野、暗号化または暗号解読装置、光学的計算装置、音声の分析または合成、音声認識などのサイエンス・リンケージの多い技術分野は、産学連携が特に有効であると考えられる。こうした分野においては、産学連携を通じた質の高い特許を産み出すべく、積極的に大学のそばに立地し、暗黙知の交換を通じたイノベーションを産み出し、活用していくことが求められよう。

参考文献

Albert MB, Avery D, Narin F, McAllister P, Direct validation of citation counts as indicatours of industrially important patents, Research Policy, 20, 251-259 (1991)

Anderson J, Williams N, Seemungai D, Narin F, Olivastro D, Human Genetic Technology, Exploring the Links between Scinence and Innovation, Technology Analysis and Strategic Management, 8(2), 135-156(1996)

Archibugi D, Patenting as an indicator of technological innovation, a review, Science and Public Policy, 19(6) (1992)

Mansfield E, Academic Research and Industrial Innovation, Research Policy, 20(1),1-12 (1991)

Michel J, Bettels B, Patent citation analysis, Scientometrics, 51(1), 185-201(2001)

Narin F, Pinski G, Gee HH, Structure of the Biomedical Literature, Journal of the American Society for Information Science, January-February (1976)

Narin F, Olivastro D, Science Indicators, Their Use in Science Policy and Their Role in Science Studies, DSWO Press, The Netherlands (1988)

Narin F, Patent Citation Analysis, The Strategic Application of Technology Indicators, Patent World, April, 25-31(1993)

Narin F, Inventive productivity, Research Policy, 24, 507-519(1995)

Narin F, Hamilton K, Olivastro D, The increasing linkage between U.S. technology and public science, Research Policy, 26, 317-330(1997)

OECD, University-Enterprise Relations in OECD Member Countries, OECD, Paris (1990)

Porter M, The Competitive Advantage of Nations, Macmillan, London (1990)

Price DJdS, Little Science, Big Science, Columbia University Press, New York, NY (1965)

Solow R, A Contribution to the Theory of Economic Growth, Quarterly Journal of Economics, 70(February), 65-94(1956)

Solow R, Technical Change and the aggregate production function, Review of Economics and Statistics, (1957)

新森昭宏, 奥村学, 丸山雄三, 岩山真, 手がかり句を用いた特許請求項の構造解析, 情報処理学会論文誌, 45(3), 891-905 (2004)

高市早苗,「イノベーション25」について, 産学官連携ジャーナル, 2007年1月号,

3, (1), (2007)
谷川英和, 特許ライフサイクルへの情報学的アプローチに基づく特許工学に関する研究, PhD thesis, 京都大学, 91 (2007)
玉田俊平太, 児玉文雄, 玄場公規, 重点4分野におけるサイエンスリンケージの計測（上）, 情報管理, 47 (6), 393-400 (2004)
玉田俊平太, 児玉文雄, 玄場公規, 重点4分野におけるサイエンスリンケージの計測（下）, 情報管理, 47 (7), 455-462 (2004)
ジョー・ティッド, ジョン・ベサント, キース・パビット, イノベーションの経営学, NTT出版, (2004)
トーマス・フリードマン, フラット化する世界（上）, 日本経済新聞社, 20, (2006)
一橋大学イノベーション研究センター（編）, イノベーション・マネジメント入門, 日本経済新聞社, 405-406, (2001)

初出一覧

第3章
玉田俊平太，児玉文雄，玄場公規，日本特許におけるサイエンス・リンケージの測定——引用文献データベース構築による遺伝子工学技術分野特許の分析，研究 技術 計画，17（3/4），222-230（2002）

第4章
玉田俊平太，児玉文雄，玄場公規，重点4分野におけるサイエンスリンケージの計測（上）——サイエンスリンケージ−その意義と計測法，情報管理，47（6），393-400（2004）

玉田俊平太，児玉文雄，玄場公規，重点4分野におけるサイエンスリンケージの計測（下）——そのインプリケーションと限界，情報管理，47（7），455-462（2004）

第5章
玉田俊平太，内藤祐介，玄場公規，児玉文雄，鈴木潤，後藤晃，日本特許におけるサイエンスリンケージの計測，後藤晃，児玉俊洋，日本のイノベーション・システム，東京大学出版会，21-34（2006）

第8章
玉田俊平太，頭脳集積の必要性——発明者間の距離と論文伝達距離との比較研究，財団法人知的財産研究所編，特許の経営・経済分析，株式会社雄松堂出版，123-138（2007）

第9章
玉田俊平太，井上寛康，産学連携によるイノベーション，土井教之編著，ビジネス・イノベーション・システム，日本評論社，149-171（2009）

あとがき

　本書は著者の過去10年以上に亘る研究をまとめたものである。研究を進めていく過程では、実に多くの方々にご指導をいただき、お世話になった。この場を借りて深く感謝いたします。

　児玉文雄先生は、私の東京大学における博士論文の主査であり、1999年に私が社会人学生として東京大学工学系研究科先端学際工学専攻に入学して以来、不勉強で怠惰な私を見捨てず、辛抱強くご指導いただき、多くのご示唆をいただきつつ今日に至っている。児玉先生からは、個別の研究に関するコメントもさることながら、研究に取り組む基本的な姿勢について多くを学ばせていただいた。

　博士論文の副査を務めてくださった後藤晃先生、馬場靖憲先生、橋本毅彦先生、堀浩一先生には、ご多用中にもかかわらず、驚くべき学識をもって本研究の改善や充実の方向性について数々の貴重なご指摘とアドバイスをいただいた。また、独立行政法人経済産業研究所の青木昌彦所長（当時）や多くの同僚の方々、国立情報学研究所の根岸正光教授には、リサーチセミナー等の折に触れ、鋭く的確なアドバイスをいただいた。

　玄場公規先生には、東京大学で助手をなさっていた時代から懇切丁寧なご指導をいただいて今に至っている。当初私は特許が引用している他の特許との関係に研究の重点を置いていたが、玄場先生は特許が引用している論文にも目を向けるようにとご指導してくださった。また、後述する内藤祐介氏との縁を取り持ってくださったり、リサーチ・アシスタントの採用にご助力いただいたりと研究全般に亘ってサポートしていただいた。

　鈴木潤先生からは、児玉研究室の先輩としてゼミの場等で温かいアドバイスをいただいて今日に至っている。また、後で知ったことだが、日本特許の中の引用論文について最初に着目し、玄場先生に告げられたことが、玄場先生のご指導を通じて私の論文の幅を拡げることにつながったそうである。

　人工生命研究所の内藤祐介社長には、日本特許データベース作成やその後

のプログラミングで大変お世話になった。内藤氏のご助力なしには本研究は成立し得なかった。

ゼファー・ビヨンド株式会社の松山裕二社長には、多数のリサーチ・アシスタントを指揮し、3000件の特許が引用している数千件の特許および論文の目視での抽出にリーダーシップを発揮してくださるとともに、特許と論文の関係やデータベースの活用法に関して貴重なコメントをいただいた。また、大崎君、岡田君、平瀬君、玄場珠美さんをはじめとするリサーチ・アシスタント各位の協力無くして本研究は成立し得なかった。

井上寛康先生とは、第9章の大学から出願された特許の価値算出の仕事でご一緒させていただいた。常日頃から勉強会の場等で切磋琢磨させていただいている。

東大児玉研究室の博士、修士課程の皆様、研究生として在籍された皆様、頻繁にゼミに参加下さった卒業生の皆様には、折に触れ多くのご指摘やアドバイスをいただいた。また、児玉研究室の佐藤純子秘書（当時）をはじめとする事務スタッフの皆様には、様々な連絡や手続きで、多くのサポートをいただいた。

本研究に当たり、特許庁技術調査課（当時）の後谷課長補佐、森川課長補佐、千寿課長補佐、小林係長には資金面で大変お世話になった。

これまでに挙げさせていただいた方々は、本書の基となった研究に直接関与なさった方々のみであり、関西学院大学や経済産業研究所等の場で常日頃お世話になっている方々はお名前を挙げるのを差し控えさせていただいた。そうした方々も含め、私の今日を形作ってくださった全ての皆様のこれまでのご厚情に深く感謝する次第である。

末筆ながら、関西学院大学出版会の田中直哉さん、戸坂美果さんはじめ皆様は、筆の遅い私を見捨てず、緻密な仕事で本書を出版まで導いて下さった。

最後に、私を今まで育ててくれた両親と、筆者の妻であり、私の全てを支えてくれている靖子に本書を捧げたい。

2010年1月

玉田俊平太

著者略歴

玉田俊平太（たまだ しゅんぺいた）

関西学院大学　経営戦略研究科（ビジネススクール）准教授
博士（学術）（東京大学）、MPA（ハーバード大学）

1966年　東京生まれ。
筑波大学講師、独立行政法人経済産業研究所フェローを経て、2005年4月より現職。現在、経済産業研究所ファカルティーフェロー、芝浦工業大学技術経営研究センター客員研究員を兼務。
研究・技術計画学会評議員。日本経済学会、International J. A. Schumpeter Society 会員。
専門はイノベーション経営、科学技術政策。

共著書

後藤晃／児玉俊洋著『日本のイノベーション・システム――日本経済復活の基盤構築にむけて』東京大学出版会、2006年。
知的財産研究所編『特許の経営・経済分析』雄松堂出版、2007年。
土井教之編著『ビジネス・イノベーション・システム』日本評論社、2009年。
David V. Gibson, Chandler Stolp, Pedro Conceicao, Manuel V. Heitor; "Systems and Policies for the Globalized Learning Economy", Greenwood Publishing Group Inc. 2003.

監訳

クレイトン・クリステンセン／マイケル・レイナー著『イノベーションへの解』翔泳社、2003年。
クレイトン・クリステンセン／マイケル・レイナー著『イノベーションのジレンマ』翔泳社、2000年。

論文

"Significant Difference of Dependence upon Scientific Knowledge among Different Technologies" *Scientometrics*, Vol.68, No.2, 2006.

関西学院大学論文叢書　第18編
産学連携イノベーション
日本特許データによる実証分析

2010 年 3 月 31 日初版第一刷発行

著　者	玉田俊平太
発行者	宮原浩二郎
発行所	関西学院大学出版会
所在地	〒 662-0891
	兵庫県西宮市上ケ原一番町 1-155
電　話	0798-53-7002
印　刷	協和印刷株式会社

©2010 Schumpeter TAMADA
Printed in Japan by Kwansei Gakuin University Press
ISBN 978-4-86283-058-6
乱丁・落丁本はお取り替えいたします。
本書の全部または一部を無断で複写・複製することを禁じます。
http://www.kwansei.ac.jp/press